Horst Kaschütz: Welche Schule für mein Kind

Horst Kaschütz

Welche Schule für mein Kind?

Montessori-Pädagogik, Waldorf-Pädagogik,
und pädagogische Grundsätze von Krishnamurti
im Vergleich

Aquamarin Verlag

1. Auflage 1998
© Aquamarin Verlag
Voglherd 1 • D-85567 Grafing
Titelphoto: Ralf Blechschmidt
Umschlaggestaltung: Ralf Blechschmidt und Annette Wagner
Druck: Ebner Ulm

ISBN 3-89427-102-7

INHALT

VORWORT

Das vorliegende Buch wurde von einem interessierten Vater ohne besondere pädagogische Ausbildung geschrieben, der zusammen mit seinem Sohn die Höhen und Tiefen verschiedener Schulsysteme selbst erlebt hat und diese Erfahrung weitergeben möchte. Es beginnt mit den Anforderungen an ein Schulsystem und behandelt danach ausführlich die Montessori-Pädagogik, die Waldorf-Pädagogik und die pädagogischen Grundgedanken von Krishnamurti. Eine vergleichende Betrachtung schließt sich an und führt zu Überlegungen und Vorgehensweisen für die Beantwortung der Frage: Welche Schule für mein Kind?

Das Buch wendet sich an jene Eltern, die unterschiedliche pädagogische Konzepte und Schulsysteme kennenlernen und hinsichtlich Eignung für ihre Kinder beurteilen wollen. Anliegen des Autors und Zielsetzung des Buches ist es, interessierte Eltern an die eigene Bewertung von Schulsystemen heranzuführen und ihnen zu helfen, für ihr Kind die bestmögliche Schule auszuwählen.

Für Eltern, die selbst keine glückliche Schulzeit durchlebt haben, werden Wege aufgezeigt und das Vertrauen vermittelt, daß Lernziele auch anders erreichbar sind. Daraus könnten Interesse und Offenheit für alternative Schulsysteme erwachsen, wodurch einerseits ein Beitrag zur Förderung dieser Schulwege geleistet und andererseits ein Anstoß zur Verbesserung der bestehenden Regelschulen gegeben wird.

Das Buch richtet sich auch an Lehrer, die für Anliegen, Gedanken und Erfahrungen von Eltern offen sind, um fallweise eigene Schlußfolgerungen daraus abzuleiten. Gerade von der vergleichenden Gegenüberstellung der unterschiedlichen pädagogischen Vorstellungen könnten Impulse und Anregungen für die eigene pädagogische Arbeit ausgehen, die dann im Rahmen des jeweiligen Schulsystems mit den dort vorhandenen Möglichkeiten und Freiräumen zum Wohle der Schüler umsetzbar wären.

Die primäre Quelle für dieses Buch ist verarbeitete eigene Erfahrung, welche in einer Regelschule, zwei Montessori-Schulen und einer

Waldorfschule gesammelt wurde. Darüber hinaus entstand durch die Beschäftigung mit den pädagogischen Vorstellungen von Maria Montessori, Rudolf Steiner und Krishnamurti das notwendige Hintergrundwissen, um eine vergleichende Betrachtung der verschiedenen Schulsysteme unvoreingenommen durchführen zu können.

Insgesamt gesehen möge das vorliegende Buch als Orientierungshilfe für jene Eltern dienen, die in Kenntnis ihres Kindes nach der am besten passenden Schule Ausschau halten.

Dr. Horst Kaschütz

I.

ANFORDERUNGEN AN EIN SCHULSYSTEM

Anforderungen gegenwärtig und zukünftig

Die Betrachtung über die Anforderungen an ein Schulsystem geht davon aus, daß eine Schule auf das Leben vorbereiten soll. Dabei zeigt sich bereits ein erster wesentlicher Unterschied zwischen früher und heute. Zu früherer Zeit ließ sich die zukünftige gesellschaftliche Entwicklung leicht abschätzen und aus der Gegenwart heraus eine wahrscheinliche Entwicklung vorhersehen. Am Beginn des einundzwanzigsten Jahrhunderts ist dies sehr schwierig geworden, da die Veränderungen in ihrer Anzahl und Größe zugenommen haben und die Veränderungsvorgänge selbst immer schneller ablaufen.

Somit ist von einem Schulsystem zu fordern, daß die Kinder geistig, seelisch und charakterlich auf dynamische Veränderungen vorbereitet werden und ihnen dazu ein Rüstzeug von Fertigkeiten und Wissen mitgegeben wird. Darüber hinaus ist mit älteren Kindern eine grundlegende Vorgehensweise zu erarbeiten, wie mit Veränderungen umzugehen ist und wie der eigene Platz und die eigene Entfaltung unter diesen Randbedingungen gefunden werden können.

Große Veränderungen treten insbesondere bei den Berufen auf: Alteingeführte Berufe sind rückläufig, sterben aus oder überleben als Fossil in geringer Zahl. Neue Berufe, vor allem im Dienstleistungssektor, entstehen laufend und verändern die gesellschaftliche Struktur. Moderne Technologien prägen und ändern in fast allen Berufszweigen die Berufsbilder teilweise so sehr, daß sie kaum wiederzuerkennen sind. Ein junger Mensch kann heute nicht mehr davon ausgehen, daß er einen Beruf erlernt und darin sein Arbeitsleben lang tätig sein wird. Dies wird die Ausnahme sein, während die Regel ein mehrmaliger Wechsel des Berufes bzw. radikale Änderungen des Berufsbildes sein werden.

Vor diesem Hintergrund werden zukünftig die innere Bereitschaft zur Veränderung, Kreativität, Flexibilität und die Fähigkeit zur Interaktion mit Menschen und neuen Technologien sowie selbständiges Handeln und Entscheidungsfähigkeit sehr gefragt sein. Ein geeignetes Schulsystem muß mit der gesellschaftlichen Entwicklung Schritt halten und die jungen Menschen auf diese Anforderungen vorbereiten.

Auch im engeren und weiteren Umfeld des einzelnen Menschen hat ein dramatischer Wandel begonnen:

- Ein riesiges Angebot an Information und Unterhaltung wird durch die Medien an die Menschen herangetragen und verlangt nach einer sinnvollen Nutzung.
- Die Vorgänge des täglichen Lebens werden immer vielfältiger und komplizierter und benötigen ebenfalls ein hohes Maß an Informationsverarbeitung, um sinnvolle Entscheidungen zu treffen.
- Durch die Verlagerung des Beschäftigungsschwerpunktes vom Produktionssektor auf den Dienstleistungssektor entsteht ein großes Angebot von Dienstleistungen verschiedenster Art und drängt auf Inanspruchnahme.

Ohne einen selektiven Umgang kann diese Flut von Informationen und Angeboten nicht bewältigt werden. Der einzelne muß lernen, bewußt auszuwählen, und sich dabei die Frage beantworten, was er wirklich braucht, bzw. was unnötig und nur Zeit- und Geldverschwendung ist.

Verblüffend oder zumindest sehr bemerkenswert ist folgender Zusammenhang: Je hektischer das äußere Leben des Menschen verläuft desto mehr wird seine Fähigkeit benötigt, sich nach innen zu orientieren und in sich hineinzuhören, welche Werte wirklich wichtig sind. Die Einsicht in das Wesentliche ist dringend erforderlich, um einen kritischen Umgang mit Informationen und Angeboten zu erreichen und den Gefahren der Manipulation zu widerstehen. Ein solcher Durchblick erwächst aus verinnerlichten Grundwahrheiten, selbsterfahrenen Zusammenhängen und hängt eng mit Lebenseinstellung und Lebensweisheit zusammen. Hierfür Grundlagen und Bezugspunkte zu schaffen, gehört zu den Anforderungen an ein Schulsystem, das junge Menschen zu einer verantwortlichen Gestaltung ihres Lebens und zu mündigen Bürgern erziehen möchte.

Ein weiterer wesentlicher Gesichtspunkt ist das Zusammenführen von fünfundzwanzig bis fünfunddreißig Kindern, unterschiedlichen Individualitäten mit verschiedenartigen geistigen, psychischen, emotionalen, sozialen und charakterlichen Veranlagungen und Prägungen zu einer Klassengemeinschaft. In dieser sollen möglichst alle Kinder miteinander auskommen, betreut werden, sich entwickeln und nicht zuletzt etwas lernen, was im späteren Leben gebraucht wird.

Einen hohen Standard erfüllt ein Schulsystem dann, wenn es gelingt:
- das Wohlfühlen der Kinder zu erreichen
- die individuelle Entwicklung zu fördern und Fähigkeiten zu wekken
- Fertigkeiten und Wissen zu vermitteln
- Charakterbildung zu bewirken
- auf zukünftige Lebensanforderungen vorzubereiten

Vor einer näheren Betrachtung sei noch bemerkt, daß alle diese genannten Anforderungen nicht für sich alleine stehen, sondern miteinander vernetzt sind und sich deshalb gegenseitig beeinflussen.

Förderung der individuellen Entwicklung

Die individuelle Entwicklung des Kindes zu fördern, ist ein ganz wesentliches Ziel und zugleich eine hohe Anforderung an das Schulsystem. Damit eng verbunden ist das Wohlfühlen der Kinder in der Schule bzw. in der Klassengemeinschaft. Wird eine Atmosphäre des Vertrauens und der Geborgenheit geschaffen und beibehalten, so ist eine wesentliche Vorbedingung für die Förderung der individuellen Entwicklung erfüllt.

Sodann sind die Persönlichkeit des Lehrers und die an der Schule bestehenden Möglichkeiten entscheidend, ob und wie die folgenden Bedingungen für die Förderung der individuellen Entwicklung erfüllt werden können:
- Der Lehrer muß genügend Zeit für das einzelne Kind haben und es genau beobachten.
- Der Lehrer sollte sich in die Individualität des Kindes gut einfühlen können, um sensible Phasen und den richtigen Zeitpunkt für eine Förderung zu erkennen.

- Aus der Kenntnis des Kindes und unter Berücksichtigung der momentanen Situation sollen geeignete Fördermaßnahmen vorgeschlagen und eingeleitet werden.
- Das Mitarbeiten des Kindes soll mit viel Zuwendung und Anerkennung für Bemühung und Leistung begleitet werden. Das Ausbessern von Fehlern wäre insbesondere bei sensiblen Kindern behutsam vorzunehmen, um das Selbstwertgefühl nicht zu verletzen.

Erweckung von Fähigkeiten

Für das Erwecken von Fähigkeiten ist es wichtig, daß den Kindern in der Schule ein sehr breites Angebot von Lernmaterial, Büchern und Lernspielen zur Verfügung steht sowie ein übersichtlicher Werkraum mit unterschiedlichen Materialien angeboten wird. Auch ein Musikraum mit vielen verschiedenen, für Kinder geeigneten Instrumenten und eine kleine Bühne für Theater- und Musikaufführungen sind ein geeigneter äußerer Rahmen, um die im Kind angelegten Fähigkeiten zu wecken.

Doch auch hier kommt es nicht nur auf die vorbereitete Umgebung an, sondern auf das Talent des Lehrers, aufkeimende Fähigkeiten zu erkennen und mit dem Kind zusammen zu vertiefen. Zeigt sich eine Begabung, sollte mit den Eltern über eine weitere Förderung gesprochen werden.

So kann manchmal die frühe Erweckung einer Fähigkeit oder das Entdecken eines handwerklichen oder künstlerischen Talentes für das spätere Leben des Kindes entscheidender sein als irgendein gespeichertes Wissen, das man jederzeit in einem Lexikon nachschlagen bzw. aus dem Computer abfragen kann.

Das Problem des derzeitigen staatlichen Schulsystems liegt u.a. auch darin, daß die vollgestopften Lehrpläne zu wenig Zeit übriglassen, um Aktivitäten, die speziell der Erweckung von angelegten Fähigkeiten dienen, durchführen zu können.

Vermittlung von Wissen

Wissen zu vermitteln, ist seit jeher ein wesentliches Ziel der schulischen Ausbildung und hat sicherlich auch heute noch - insbesondere für Grundlagenwissen - seine Bedeutung. Es ist jedoch in Betracht zu ziehen, daß detailliertes Sachwissen schnell veraltet, so daß die reine Wissensspeicherung nicht mehr so hohen Stellenwert besitzt. Auch der immer leichtere Zugriff auf aktualisiertes, detailliertes Wissen per Computer macht das Speichern von zu viel Detailwissen im eigenen Gehirn überflüssig. Zukünftig wird es ganz wichtig sein, daß junge Menschen über ein gutes Grundlagenwissen verfügen und Grundzusammenhänge voll verstanden haben. Damit besitzen sie ein geistiges Werkzeug, welches mit etwas Organisationstalent so kreativ und effizient eingesetzt werden kann, daß die Erarbeitung von neuestem Detailwissen in kürzester Zeit auf allen Gebieten möglich ist, vorausgesetzt, die Motivation ist vorhanden und es besteht eine echte Notwendigkeit dafür.

Ein Schulsystem sollte daher weniger Detailwissen, jedoch vermehrt solides und gut verstandenes Grundlagenwissen vermitteln und schon frühzeitig zur Wissenserarbeitung anleiten.

Dies kann beispielsweise geschehen, wenn ein interessantes und wirklichkeitsnahes Thema gewählt wird, über das sich die Schüler, unter Anleitung, selbständig Detailwissen erarbeiten, um es gegebenenfalls zu präsentieren und/oder anzuwenden. Auf diese Weise könnte die Wissenserarbeitung selbst als freudvolle Tätigkeit erfahren und mit einem Erfolgserlebnis abgeschlossen werden.

Erlernen von Grundkenntnissen

Grundkenntnisse zu erlernen, hat heute wie früher etwa den gleichen Stellenwert. Die Grundfertigkeiten des Lesens, Schreibens und Rechnens sind auch im Informationszeitalter nicht überholt, und Rechtschreibregeln sind wichtig, auch wenn es die Rechtschreibprüfung von Texten im Computerprogramm schon gibt.

Aufbau, Gliederung, Platzeinteilung und Strukturierung eines Textes sind auch im Computerzeitalter sehr gefragt.

Neben den oben angeführten Grundfertigkeiten sollen die Schüler mit vielen anderen handwerklichen Fertigkeiten zumindest bekannt gemacht werden. Auch Fertigkeiten des alltäglichen Lebens, wie z.B. Essenszubereitung, Körperpflege oder Entspannungsübungen, sollten in der Schule nicht zu kurz kommen. Heutzutage gehört ebenso der sinnvolle Umgang mit den Medien und dem Computer sowie eine gezielte Informationsbeschaffung zu den Fertigkeiten des täglichen Lebens, die entsprechend berücksichtigt werden sollen.

Man erkennt daraus, wie vielfältig die Anforderungen auf diesem Gebiet sind. Abgesehen von den Grundfertigkeiten, die intensiv geübt werden müssen, wird die Vermittlung der anderen genannten Fertigkeiten stark vom Beispiel des Lehrers und seiner Einstellung geprägt sein. Daraus erwächst erneut ein hoher Anspruch an die Persönlichkeit des Lehrers in jedem denkbaren Schulsystem.

Charakterbildung

Die Mitwirkung an der Charakterbildung ist eine ganz wesentliche Aufgabe eines Schulsystems.

Es kommt u.a. darauf an, daß ein zeitgemäßes, ethisch fundiertes Werteempfinden und Wertesystem vermittelt wird und in der Klassengemeinschaft ein gutes zwischenmenschliches Klima und ein toleranter Umgang praktiziert werden. Hierfür Beispiele zu geben und Leitlinien aufzuzeigen, ist nicht nur Sache des Religions- oder Ethikunterrichtes, sondern jeder Schulstunde. Besonders wichtig ist auch hier wieder das vorbildliche Verhalten der Lehrer, denn nur am gelebten Beispiel wird die Theorie verständlich und prägt formend den Charakter des Schülers. Wenn ein Kind seinen Platz in der Gemeinschaft findet und sich angenommen fühlt, erhält es die Ausgangsbasis, um später selbst zu einem positiv wirkenden Mitglied der Gesellschaft zu werden.

Sehr förderlich für die Charakterbildung ist auch der engagierte Umgang mit aktuellen Themen - wie Umweltschutz, Naturschutz, die Vereinigung Europas oder die multikulturelle Gesellschaft. Durch Beispiele aus der Geschichte könnten positive und negative Entwicklungen und ihre Konsequenzen veranschaulicht werden.

Da zukünftig Teamarbeit und multinationale Zusammenarbeit noch stärker das Berufsleben bestimmen werden, haben das Schulsystem und das Elternhaus hinsichtlich Charakterbildung eine große Aufgabe zu erfüllen.

Vorbereitung auf das Leben in Beruf und Gesellschaft

Obwohl jeder der vorangegangenen Abschnitte mit der Vorbereitung auf das gesellschaftliche Leben eng verbunden ist, soll hier speziell das Vertrautmachen mit den verschiedenen Berufsgruppen und den darin herrschenden realen Berufs- und Lebensbedingungen angesprochen werden.

Besonders in den höheren Klassen sollte dem realistischen Einblick in Berufsgruppen ein breiter Raum gewidmet werden, um den jungen Menschen die eigene Entscheidung der Berufswahl zu erleichtern.

Ebenso sind die außerberufliche Lebensgestaltung und das Leben in einer freiheitlichen demokratischen Grundordnung wichtige Themen für die Heranwachsenden auf ihrem Weg zum mündigen Bürger und zu einem verantwortungsbewußten Mitglied unserer Gesellschaft.

Auch hier sind hohe Anforderungen an das Schulsystem und die Lehrerschaft zu stellen, damit ein von der Schule ausgehender positiver Impuls die jungen Menschen durch das Leben begleitet.

Lebensplan und Sinnfindung

Die bisherigen Anforderungen an ein Schulsystem waren vorwiegend von dem Gedanken getragen, dem Schüler zu helfen, ein nützliches Mitglied unserer Gesellschaft zu werden. Das ist zwar wichtig, aber alleine noch nicht ausreichend, denn die übergeordnete Aufgabe „Vorbereitung auf das Leben" umfaßt nicht nur diesen Objekt-Aspekt, sondern auch einen Subjekt-Aspekt, der darin besteht, daß die Schule den heranwachsenden Menschen anleitet, seinen *Lebensplan*, seine ihm für dieses Leben zugedachte Rolle, Aufgabe und Verantwortung zu finden.

Gerade in einer Gesellschaft, in der die Grundbedürfnisse des Lebens aufgrund des Wohlstandes annehmbar geregelt sind, stellt sich die Frage nach der ganz persönlichen Aufgabe, die man hier in diesem Leben unter den vorgefundenen Gegebenheiten zu erfüllen hat, besonders eindringlich. Bleibt sie unbeantwortet oder wird sie verdrängt, ist auch die damit verbundene Sinnfindung ungelöst. Wenn die Mittel der äußeren Ablenkung als Sinnersatz nicht mehr helfen, kann daraus eine Sinnkrise mit den bekannten Gefahren des Abgleitens in Drogen und Scheinwelten entstehen.

Jeder Mensch muß sich der Sinnfrage früher oder später stellen; sie ist Teil des Aufbaues seiner Persönlichkeit. Der junge Mensch hat ein Anrecht darauf, daß ihn das Schulsystem und die Eltern auf die Beantwortung dieser Frage frühzeitig vorbereiten.

Bei besonders ausgeprägten Begabungen oder Fertigkeiten kann der Lebensplan relativ einfach gefunden werden, indem diese Fähigkeiten gefördert und entfaltet werden und sodann in eine gesellschaftlich nützliche Anwendung umgesetzt werden. Im Falle von Mischbegabungen ist es schwierig, den Lebensplan zu erkennen, und manchmal ist auch nur eine zeitlich begrenzte Sinnfindung möglich. Weiterhin kann es durchaus sein, daß die Sinnfrage zu unterschiedlichen Zeiten verschieden beantwortet wird, wenn beispielsweise der Lebenssinn in der Jugend anders aussieht als in der Lebensmitte oder im Alter, denn das Leben gleicht einem Fluß und bringt eine ständige Veränderung mit sich.

Hat ein Mensch seinen Lebenssinn gefunden, kann er gewaltige Energien freisetzen und Ziele erreichen, an die er sich sonst gar nicht herangewagt hätte, weil eine außerordentliche Motivation auch bei mittlerer Begabung zu erstaunlichen Leistungen führt. Ferner gelangt ein solcher Mensch durch seine sinnvolle Aufgabe zu innerer Zufriedenheit und ist gefestigt für die Herausforderungen des Lebens.

In jedem Fall ist es wichtig, daß ein Schulsystem diese Frage aufgreift und vor allem in den höheren Klassen hierzu folgende Anforderungen erfüllt:

- Die Thematik ist in den Unterricht aufzunehmen, altersgemäß in verschiedenen Klassen anzusprechen und in ihrer großen Bedeutung mit allen Konsequenzen zu vermitteln.
- Anhand von Beispielen soll gezeigt werden, wie Menschen ihren Lebenssinn gefunden haben. (Der Bogen kann sich spannen vom

großen Staatsmann und erfolgreichen Wissenschaftler über den guten Arzt und einfühlsamen Lehrer bis hin zum qualifizierten Handwerker und zur Marktfrau, die ihren Kunden frisches Gemüse anbietet und zusätzlich praktische Tips für die Zubereitung gibt. Sie alle haben ihre Rolle in diesem Leben gefunden und sind dadurch zufriedene und glückliche Menschen geworden.)

- Der Selbst-Findungsprozeß bestehend aus:

  - Fragestellung
  - Beratungsgespräche mit Freunden, Lehrern und Eltern
  - Hineinhören in sich selbst in einer Art von Meditation
  - skizzenhaften Vorstellungen
  - konkreter Bewußtwerdung

  sollte in den höheren Klassen beispielhaft und detailliert erläutert werden.

Abschließend möchte ich auf das Zusammenwirken von „Lebensplan und Sinnfindung" mit „Erweckung von Fähigkeiten" und „Vorbereitung auf das reale Leben in der Gesellschaft" hinweisen und deutlich machen, daß von der Sinnfindung der einzelnen Menschen ein erheblicher Einfluß auf die Gestaltung unserer Gesellschaft ausgeht.

II.
MONTESSORI-PÄDAGOGIK

Historie

Maria Montessori, die Begründerin dieser Pädagogik, wurde am 31. August 1870 in Italien geboren. Ihr Vater war Finanzbeamter und ein eher konservativ veranlagter Mensch. Die Mutter, eine hochgebildete, interessierte und liberal denkende Frau, stammte aus einer Gutsbesitzersfamilie und war mit dem bedeutenden Naturwissenschaftler Antonio Stoppani verwandt. Maria war ein Einzelkind und zeigte sich bereits als Mädchen sehr selbstbewußt, willensstark und ein wenig selbstgefällig. Als sie fünf Jahre alt war, zog die Familie nach Rom. Mit sechs Jahren trat sie in die öffentliche Schule ein und zeigte großes Interesse für Mathematik und naturwissenschaftliche Fächer. Nach der Grundschulzeit setzte sie mit 13 Jahren ihren Schulweg auf eigenen Wunsch in einem naturwissenschaftlich-technisch orientierten weiterführenden Schulsystem fort - ein zu damaliger Zeit sehr ungewöhnlicher Schulweg für ein Mädchen.

Lehrplan und Fächer dieser Schule waren zwar ziemlich modern, jedoch die Unterrichtspraxis war ausgesprochen lehrbuchorientiert und auf Wissensspeicherung ausgelegt. Selbständiges Erkunden und Erforschen von Zusammenhängen durch den Schüler unter Anleitung des Lehrers war nicht vorgesehen. Obwohl Maria Montessori in ihrer eigenen Schulzeit erfahren mußte, wie Schule nicht sein sollte, hat sie aufgrund ihrer Begabung und Willensstärke dennoch außerordentlich gute Ergebnisse erzielt.

Ihr Interesse an Mathematik und Naturwissenschaften hatte sich weiter verstärkt, und sie tendierte zunächst zu einem Ingenieurberuf, änderte aber am Ende der Schulzeit mit zwanzig Jahren spontan ihr Berufsziel. Sie wollte Medizin studieren und Ärztin werden. Die Gründe für dieses Umschwenken sind nicht eindeutig zu klären und dürften mit ihrer inneren Führung in Zusammenhang stehen.

Der Arztberuf war zur Jahrhundertwende die absolute Domäne der Männer, und Maria Montessori mußte ihren Wunsch mit unglaublicher Beharrlichkeit gegenüber der Gesellschaft vertreten und gegen den Willen des Vaters durchsetzen.

Sie verlegte sich zunächst auf die Fächer Mathematik und Naturwissenschaften und wurde schließlich doch zum Medizinstudium an der Universität Rom zugelassen.

In ihrer Studienzeit machte ihr anfänglich der praktische Teil der Anatomie schwer zu schaffen, und sie wurde von Ängsten und Selbstzweifeln erfaßt, die sie jedoch mit überragender Willenskraft bezwang. Sie setzte ihr Medizinstudium erfolgreich bis zur Promotion im Jahr 1898 fort und war die erste Italienerin, die den Arztberuf ausübte.

Obwohl sie als Ärztin große Erfolge zu verzeichnen hatte, vollzieht sie in den folgenden Jahren den Übergang von der Medizin zur Pädagogik, wobei die intensive Beschäftigung mit behinderten Kindern die Brücke zwischen den beiden Disziplinen bildete.

In dieser Zeit wurde ihr Sohn Mario geboren. Er entstammte aus der Beziehung zu Dr. Giuseppe Montesano, mit dem sie in der psychiatrischen Klinik und an dem medizinisch-pädagogischen Institut zur Ausbildung von Lehrern für geistig behinderte Kinder eng zusammenarbeitete. Da zur damaligen Zeit ein unehelich geborenes Kind ihre Karriere zerstört hätte, zog sie ihren Sohn nicht selbst auf, sondern gab ihn zu Bekannten aufs Land, wo sie ihn jedoch häufig besuchte, bis sie ihn schließlich mit 15 Jahren zu sich nahm und er ihr ständiger Begleiter und Organisator der Montessori-Bewegung wurde.

Im Jahr 1906 übernahm sie in Rom neben ihrer ärztlichen und wissenschaftlichen Arbeit die Leitung einer Tagesstätte für Kinder zwischen drei und sechs Jahren. Mit großer Hingabe organisierte und gestaltete sie dieses Kinderhaus ganz nach ihren pädagogischen Vorstellungen. Unter ihrer Obhut erfuhren die aus ärmeren Schichten stammenden, anfänglich ungepflegt wirkenden, verschüchterten Kinder eine erstaunliche Wandlung, und sie selbst machte eine Fülle psychologischer Entdeckungen, die sie in ihre pädagogische Arbeit aufnahm. Das Kinderhaus wurde sehr bekannt, und es folgten weitere Neugründungen in Wohnvierteln der Mittel- und Oberschicht.

Von ihren Vorläufern und Lehrmeistern, den französischen Ärzten Itard und Seguin, übernahm sie die Idee der Einheit von Intellekt, Sinnestätigkeit und Motorik sowie den therapeutischen Ansatz der Aktivierung des Intellekts durch Einwirkung auf die Sinne und den Bewegungszusammenhang.

Sie erweiterte, verfeinerte und systematisierte diese Überlegungen, entwarf ein umfangreiches didaktisches Material und übertrug die Grundgedanken und die Anwendung des Materials von der Arbeit mit behinderten Kindern auf die Normalerziehung.

1909 erschien ihr erstes großes Erfolgsbuch „Il Metodo" (Selbsttätige Erziehung im frühen Kindesalter), welches in kurzer Zeit in zwanzig Sprachen übersetzt wurde und ihre Erziehungsmethode weltweit bekannt machte.

1911 gab sie ihre Arztpraxis und ihre Lehrtätigkeit am Pädagogischen Institut der Universität auf, um sich ganz dem Ausbau und der Verbreitung ihrer Erziehungsmethode zu widmen.

Das pädagogische Gedankengut von Maria Montessori fand Förderung, und es wurden Montessori-Gesellschaften in mehreren Ländern gegründet. Ihre Methode wurde in italienischen und schweizer Volksschulen eingeführt sowie in englischen und argentinischen Schulen praktiziert. Sie unternahm viele Reisen und überzeugte mit ihren Ideen, so daß weitere zahlreiche Kinderhäuser und Schulen entstanden, die nach ihren pädagogischen Prinzipien arbeiteten.

Die Bewegung Maria Montessoris war getragen von ihrem Geist, ihrer Persönlichkeit und ihrer Rednergabe. Die von ihr selbst geleiteten halbjährigen Ausbildungskurse umfaßten Maria Montessoris Vorlesungen über die psychologischen Voraussetzungen ihrer Pädagogik, die aus ihren eigenen Erfahrungen und Beobachtungen an Kindern gewonnen waren, sowie Ausführungen über Sinn, Zweck und Handhabung des pädagogischen Materials und über praktisch-organisatorische Fragen bei der Führung von Montessori-Schulen. Später kamen noch philosophische und soziologische Themen hinzu, wie die kosmische Mission des Menschen auf Erden und die Erziehung zum Frieden. Ab 1913 wurden internationale Ausbildungskurse abgehalten, und 1914 erschien in New York ihr zweites Buch in englischer Sprache: „Dr. Montessori's own Handbook" (Mein Handbuch) über die Anwendung ihres pädagogischen Materials.

1916 übersiedelte Maria Montessori auf Einladung der Stadtverwaltung nach Barcelona, wo sie mit Unterstützung der katalanischen Regionalverwaltung eine Montessori-Modellschule und ein Ausbildungsinstitut errichtete und für die folgenden zwanzig Jahre ihren Wohnsitz nahm.

Im selben Jahr erschien ihr drittes Buch „Montessori-Erziehung für Schulkinder", welches die Anwendung ihrer Methode im Grundschulbereich in Theorie und Praxis (Grammatik, Lesen, Rechnen, Geometrie, Zeichnen und Musik) ausführlich beschreibt.

Interessant ist auch die folgende Selbsteinschätzung: Sie sah sich als *eine streng wissenschaftliche Forscherin, die im Kind den Menschen und in ihm den wahren menschlichen Geist sowie den Plan des Schöpfers* zu entdecken sucht. Mit ihrer *Studienmethode, die das Wesen des Menschen respektiert und die Kinder in eine günstig gestaltete Umgebung bringt,* gelangte sie zu ihren bedeutenden Erkenntnissen. Sie sagte: *„Die Kinder sind es, die mich belehren, sie offenbaren mir, solange ihre Seelen noch nicht verunstaltet worden sind, spirituelle Geheimnisse."* (1)

In den Niederlanden machte sie im Sommer 1917 die Bekanntschaft des holländischen Biologen Hugo de Vries, der ihr vorschlug, den von ihm geprägten Begriff der *„sensiblen Periode"* in ihrer Entwicklungspädagogik zu verwenden.

Im Rahmen eines Briefwechsels mit Sigmund Freud befaßte sie sich mit Psychoanalyse, die sie jedoch ablehnte beziehungsweise auf den Bereich des seelisch kranken Menschen beschränkt sah.

In Vorträgen an der Universität Amsterdam, im Frühjahr 1920, skizzierte sie erstmals ihre Pädagogik der Sekundarschule, die in ihren späteren Werken „Erdenkinder" und „Von der Kindheit zur Jugend" ausführlich dargestellt wurde.

Nachdem bereits eine große Anzahl von nationalen Montessori-Gesellschaften existierten, gründete sie 1929, zusammen mit ihrem Sohn Mario, die internationale Dachorganisation „Association Montessori International" (AMI), und es kam zur Veranstaltung von insgesamt neun internationalen Montessori-Kongressen in verschiedenen Ländern.

Die wichtigsten Werke aus dieser Zeit waren die Wiener Vorträge von 1923 „Das Kind in der Familie" und „The Secret of Childhood" (Kinder sind anders) sowie ihre Schriften zur Liturgie, worin sie die Messe und das Kirchenjahr kindgerecht darstellte.

Mit der Machtübernahme Hitlers erfolgte 1933 die Auflösung der deutschen Montessori-Bewegung und ein Konflikt mit dem italienischen Faschismus führte zur Schließung der Montessori-Schulen in Italien. Nach der Erhebung der spanischen Faschisten unter Franco verläßt Maria Montessori 1936 Barcelona und findet in Amsterdam ihren neuen Wohnsitz.

In ihren späten Jahren, welche sie abwechselnd in Holland und Indien verbrachte, erlebte sie die politischen Spannungen in Europa und die Schrecken des zweiten Weltkrieges.

Trotz ihres Alters war sie unermüdlich tätig, unternahm ausgedehnte Reisen, unter anderem nach Indien, wo ihre Ideen von Gandhi und Tagore begeistert aufgenommen wurden und sie mehr als tausend Lehrer ausbildete.

Ihre Gedanken befaßten sich noch intensiver mit dem Wesen der kindlichen Natur und zugleich mit der Aufgabe der Erziehung zum Frieden. In ihren späten Werken sind verstärkt philosophische und theologische Überlegungen zu finden, die mit ihren pädagogischen Erkenntnissen zu einer sinnvollen Ganzheit vereinigt wurden.

Maria Montessori war eine ungewöhnliche Frau mit einem faszinierenden Lebensweg, der zu einer ungeheuren geistigen Größe und Entfaltung führte. In ihrer eigenen Entwicklung spannte sich ein Bogen von der Naturwissenschaft zur Medizin und weiter über die Pädagogik zur Philosophie und Theologie. Zu ihrer Lebensleistung gehört auch, daß sie stets die Zentralfigur ihrer Bewegung war und für etwa 5000 Menschen die Ausbildungsgänge selbst leitete.

Nachdem sie zu Lebzeiten viele Ehrungen erhalten hatte, starb sie am 6. Mai 1952 in ihrem Haus in Amsterdam. Sie hinterließ in ihren Büchern und in vielen anderen Veröffentlichungen ein auf tiefen Einsichten beruhendes pädagogisches Konzept. Ihr Leben im Geist der Liebe und Menschlichkeit war ganz auf die Kinder gerichtet, welche die Menschheit von morgen sein werden.

Auch heute basiert die Montessori-Pädagogik auf den genialen Erkenntnissen und pädagogischen Grundsätzen der Begründerin und erlebt in den weit verbreiteten Montessori-Schulen eine ständige Anwendung und laufende Fortentwicklung.

Grundsätze

Die nachfolgenden Grundsätze möchte ich in einfache Worte fassen und sie so darstellen, wie sie mir selbst wichtig und verständlich erscheinen:

Grundvoraussetzung der pädagogischen Arbeit im Sinne von Maria Montessori ist die Achtung vor der Individualität des Kindes.
Maria Montessori selbst war bei ihren genauen Beobachtungen immer wieder erstaunt über das Wunder der kindlichen Entfaltung und voller Hochachtung vor der Individualität des Kindes, die diese Entfaltung vollbringt.

Dieser Grundsatz durchdringt sämtliche Teilbereiche der Montessori-Pädagogik und den alltäglichen Schulbetrieb. Die Einstellung der Lehrer ist davon geprägt, und auch die Eltern sollten im täglichen Umgang mit ihren Kindern danach handeln.

Die genaue Beobachtung des Kindes und seiner Entwicklung sowie die Einfühlung des Lehrers sind zentrale Elemente der pädagogischen Arbeit.
In den Montessori-Schulen wird diesem Grundsatz, beispielsweise durch eine maximale Schülerzahl von vierundzwanzig pro Klasse bei eineinhalb bis zwei Klassenlehrern, beziehungsweise bei jahrgangsgemischtem Schulbetrieb maximal fünfundzwanzig Kinder pro Gruppe mit zwei Lehrern, Rechnung getragen.

In Elterngesprächen war ich oftmals beeindruckt, wie genau die Lehrer ihre Schüler beobachtet hatten und wie sie sich auch in komplexe Persönlichkeitsstrukturen einfühlen konnten.

Jedes Kind verfügt über die Fähigkeit, seine Persönlichkeit selbst zu entwickeln und entfaltet sich nach den Richtlinien seines inneren Planes.
Maria Montessori sagte: *„Das Kind trägt den Schlüssel zu seinem rätselhaften individuellen Dasein von Anfang an in sich und verfügt über einen inneren Bauplan der Seele sowie über vorbestimmte Richtlinien für seine Entwicklung."* (2)

Daraus ist abzuleiten, daß das Kind die Entfaltung seines Potentials weitgehend von sich aus vollbringt, also *„Baumeister seiner selbst ist. "* (3) Demnach wird die Art und Weise der Entwicklung und auch das individuelle Entwicklungstempo durch das Kind und nicht durch die erziehenden Erwachsenen bestimmt. Diese eigengesetzliche Entwicklung und das natürliche Bestreben zu lernen in Freiheit und Selbstbestimmung, sind fundamentale Leitgedanken der Montessori-Pädagogik.

In diesem Zusammenhang sind auch die *sensiblen Perioden* (Phasen besonderer Empfänglichkeit im Kindesalter zum Erwerb bestimmter Fähigkeiten) (4) als Stationen auf dem Entwicklungsweg zu sehen.

Erziehende Erwachsene machen einen Fehler, wenn sie glauben, von außen her die Psyche des Kindes entwickeln zu können. Das Kind trägt den Plan zu seiner individuellen Entfaltung in sich, und ein unpassendes Eingreifen kann den Entwicklungsprozeß in falsche Bahnen lenken.

Eine an den Bedürfnissen des Kindes ausgerichtete Umgebung ist zu schaffen, worin Selbsttätigkeit und handelndes Lernen stattfinden können.

Die Bereitstellung einer *vorbereiteten Umgebung* (5) mit dem dazugehörigen pädagogischen Material, in der das Kind eine Tätigkeit selbst wählen und durchführen kann, ist außerordentlich wichtig. Eine solche Umgebung, die überschaubar, geordnet und dem Kind angepaßt ist, fordert geradezu heraus, tätig zu werden. Das Kind kann darin alle körperlichen und geistigen Funktionen üben und lebt gleichzeitig seine Bedürfnisse und Neigungen aus. Durch die freie Entscheidung für eine Tätigkeit beziehungsweise für ein pädagogisches Material wählt das Kind genau das aus, was seiner Interessenslage und seinem Entwicklungsstand entspricht und ist daher sehr aufgeschlossen und hoch motiviert.

Bei der Durchführung der Tätigkeit kann es zu einer ganz tiefen Form der Konzentration, der sogenannten *Polarisation der Aufmerksamkeit* (6) gelangen, in der ein wirklich ganzheitlicher Lernvorgang stattfindet. Das Motto *„Hilf mir, es selbst zu tun "* (7) drückt in zusammengefaßter Form aus, was das Kind von den Erwachsenen erwartet, beziehungsweise was Lehrer und Eltern zur Förderung des Kindes beitragen können.

Kernstück der Montessori-Pädagogik ist die Freiarbeit, welche von den Lehrern begleitet wird.

Die Schüler wählen nach eigener Entscheidung oder nach Anleitung des Lehrers, woran und womit sie arbeiten wollen, wobei das pädagogische Material ein Hilfsmittel ist, um selbständige Arbeitsprozesse durchzuführen. Die Kinder bestimmen Arbeitsrhythmus und Arbeitsdauer weitgehend selbst und entscheiden auch, ob sie alleine, zu zweit oder in einer kleinen Gruppe arbeiten wollen. Manchmal übernehmen Mitschüler die Lehrerrolle und erklären anderen das Arbeitsmaterial. Freiarbeit ist somit eine ideale Möglichkeit, entdeckendes, handelndes und soziales Lernen zu realisieren und die Entfaltung der Persönlichkeit zu fördern. Der Unterricht in der Grundschule vollzieht sich als konzentrierte Auseinandersetzung mit einer Thematik anhand von pädagogischem Material. Dem von Maria Montessori entwickelten Material kommt dabei besondere Bedeutung zu. Das eigentliche Lernen erfolgt in einem Prozeß der Selbsterarbeitung von logischen, sachlichen und fachlichen Zusammenhängen durch den Schüler.

Der Lehrer ist ein Helfer, der den Schüler auf seinem Weg zur Persönlichkeitsentfaltung unterstützen soll.

Ein Lehrer muß vor allem beobachten und sich in das Kind einfühlen, um herauszufinden, wann seine Hilfe gefragt ist. Geduld, Vertrauen in das Kind und ein partnerschaftliches Zusammenwirken sind notwendig. Der Lehrer braucht sehr genaue Kenntnisse über das pädagogische Material, damit er weiß, wann und wie er es dem Kind anbieten kann.

Wichtiger als jeder Lehrstoff ist, die Freude am Lernen lebendig zu halten und zu lernen, wie man lernt. Die Achtung vor dem Kind gebietet, Korrekturmaßnahmen individuell und behutsam vorzunehmen, so daß seine Würde nicht verletzt wird.

Weiterhin ist es Aufgabe des Lehrers, jenen Kindern, die nicht die innere Sicherheit im Umgang mit Freiarbeit mitbringen, Führung und Begrenzung zu geben und ihnen so bei der Bewältigung der Arbeit zu helfen.

Außerdem ist ein Gesamtunterricht - zum Beispiel in Mathematik, Sprache und Sachkunde - abzuhalten, durch den jeweils neue Inhalte des Lehrplans eingeführt werden.

Umsetzung in einer 9-stufigen Montessori-Schule

Die Montessori-Schulen sind im allgemeinen staatlich genehmigte Privatschulen unter der Trägerschaft eines Fördervereins. Sie orientieren sich an den Lehrplänen der Regelschulen und erhalten finanzielle Zuschüsse von den Landesregierungen.

Es ist festzustellen, daß die Art und Weise der Umsetzung der Montessori-Pädagogik im praktischen Schulbetrieb ziemlich unterschiedlich sein kann, da die pädagogischen Konzepte der einzelnen Montessori-Schulen stark variieren. Auch Maria Montessori hat nie eine Idealschule beschrieben, und ich glaube, es ist sogar gut, daß dieser Freiraum existiert und Veränderungen möglich sind.

An der Schule meines Sohnes habe ich miterlebt, wie das Lehrerkollegium bemüht war, einen guten Mittelweg zwischen Wohlfühlen der Kinder und Leistungsanspruch zu verwirklichen und dabei auch Anregungen aus der Elternschaft berücksichtigt hat.

Die folgenden Ausführungen sollen daher beispielhaft eine gewisse Vorstellung vermitteln, wie die praktische Umsetzung aussehen kann und erheben keinerlei Anspruch auf Vollständigkeit.

Gestaltung der Schulräume und vorbereitete Umgebung

Wenn man eine Montessori-Schule betritt und einen Blick in die Unterrichtsräume wirft, ergibt sich ein völlig anderer Eindruck als in einer Regelschule: Die Unterrichtsräume wirken wie ein sehr großzügig angelegtes und gut ausgestattetes altersgerechtes Kinderzimmer. Flure, Treppenhäuser und Nebenräume sind ähnlich ausgestaltet und mit anschaulichem Bildmaterial versehen. Die Anordnung der Tische und Stühle ist so, daß die Kinder in kleinen Gruppen zusammensitzen und genügend Bewegungsfreiraum dazwischen vorhanden ist. Weitere Unterteilungen des Raumes ergeben sich durch die Aufstellung von Regalen, worin in sehr übersichtlicher und geordneter Weise das pädagogische Material untergebracht ist. So entstehen lose, abgetrennte Gebiete, die als Leseecke oder Experimentierbereich dienen, beziehungsweise für Projektaufbauten Verwendung finden. Ein zentral gelegener größerer freier Platz bietet die Möglichkeit für Gesprächs- und Spielkreise. Diese vorbereitete Umgebung einer Montessori-Schule ist nicht statisch, sondern wird den Bedürfnissen der Schüler jeweils angepaßt und entsprechend den zu behandelnden Themen verändert. Es besteht eine durchgängige Verbindung zwischen den Unterrichtsräumen sowie zu den Fluren und Nebenräumen, so daß diese fallweise mitbenutzt werden können.

Abhängig vom pädagogischen Konzept der jeweiligen Montessori-Schule, findet der Unterricht getrennt nach Jahrgangsstufen oder in jahrgangsgemischten Gruppen statt. Das Kind und das pädagogische Material haben Priorität bei der Gestaltung aller Räumlichkeiten der Schule, und es wird sowohl dem Lern- und Erfahrungsbedürfnis der Kinder als auch ihrem Bewegungsdrang Rechnung getragen. Insgesamt gesehen empfinden die Kinder die Schule als ein geordnetes Ganzes, in dem sie sich wohl und geborgen fühlen und zu vielfältigen Aktivitäten angeregt werden.

Pädagogisches Material

Das pädagogische Material ist ein wichtiger Bestandteil der vorbereiteten Umgebung. Von besonderer Bedeutung ist das von Maria Montessori entwickelte System didaktischer Materialien, die aufeinander bezogen sind. Das Montessori-Material ist kein Hilfsmittel, um etwas besser erklären zu können, also kein „Lehrmittel", eher ein „Entwicklungsmittel", welches die inneren Energien der Kinder zur Entfaltung bringt. Es gibt Materialien aus den Bereichen „Übungen des täglichen Lebens, Sinnesschulung, Mathematik, Sprache, Kosmische Erziehung". Wesentlich ist, daß bei der Arbeit mit dem Material nicht nur kognitive Leistungen vollbracht werden, sondern auch die Sinne und die Bewegung, besonders die Betätigung der Hand, geübt werden.

Das Montessori-Material ist so beschaffen, daß es abstrakte Inhalte „materialisiert" und so dem Kind verständlich macht. Jedes Material beinhaltet eine direkte oder indirekte Fehlerkontrolle für das Kind und ermöglicht jederzeit eine Wiederholung der Übung. Farbe, Form und Klarheit des Materials regen zum Tätigwerden an und sprechen das Kind ganzheitlich an.

Es ist wichtig, daß der Lehrer das pädagogische Material sehr genau kennt, damit er weiß, wann er es einem Kind anbieten kann und wie die Einführung vorzunehmen ist.

Schulbetrieb

Im eigentlichen Schulbetrieb spielt die Freiarbeit, welche etwa zwei bis drei Stunden der täglichen Schulzeit ausmacht, eine zentrale Rolle. Dazu ist eine entspannte und vorbereitete Umgebung mit dem dazugehörigen pädagogischen Material Voraussetzung. Die Schüler wählen nach eigener Entscheidung oder nach Angeboten der Lehrkräfte, was sie arbeiten wollen.

In der Grundschule ist das pädagogische Material (insbesondere das Montessori-Material) sehr wichtig. Es wirkt stark auffordernd auf die Schüler, vertieft die Wahrnehmungsfähigkeit, verhilft zu selbständigen Arbeitsprozessen und unterstützt den schrittweisen Übergang vom Konkreten zum Abstrakten. Wenn Kinder aus einer solchen altersgemäßen Anregungsumwelt eine sie sehr interessierende Arbeit selbst auswählen können, ergibt sich oftmals eine tiefe Konzentration und Versenkung in die gewählte Aufgabe und dadurch ein wirklich ganzheitliches Lernen, unter Beteiligung von Körper, Seele und Geist.

In den höheren Klassen ist die Freiarbeit häufig themenbezogen und das pädagogische Material nicht mehr ganz so wichtig.

Während der Freiarbeit können die Schüler den Arbeitsrhythmus und die Arbeitsdauer selbst bestimmen und sich entscheiden, ob sie alleine, zu zweit oder in einer kleinen Gruppe arbeiten wollen. Daraus ergeben sich gleichzeitig vielfältige Möglichkeiten zu natürlichem Umgang mit Mitschülern und Erwachsenen und damit Gelegenheit zu sozialem Lernen. Kinder, die sich kreativ betätigen wollen, haben dazu auch in der Freiarbeit Gelegenheit und können zwischen dem Umgang mit Arbeitsmaterial und freier, phantasievoller Tätigkeit abwechseln.

Zur Klarstellung wird darauf hingewiesen, daß die Schüler während der Freiarbeit keinesfalls machen können, was sie wollen. Freiarbeit bedeutet vielmehr die Bewältigung einer gewollten, selbstgewählten Aufgabe, wobei der Lehrer fallweise helfend eingreift und darauf achtet, daß ein verwendetes pädagogisches Material nur zweckgebunden zum Einsatz kommt und eine begonnene Arbeit auch zu Ende geführt wird.

Der zweite wesentliche Bestandteil des Schulbetriebes ist der Gesamtunterricht. Im Gegensatz zur Freiarbeit, wo die Schüler an unterschiedlichen Themen in individuellem Tempo arbeiten, werden im Gesamtunterricht die Schüler gemeinsam in Fächer wie zum Beispiel Mathematik, Sprache, Sachkunde und Physik eingeführt und mit neuen Inhalten des Lehrplanes vertraut gemacht. Gleichzeitig werden in diesem Gemeinschaftsunterricht andere Formen des sozialen Miteinanders geübt als in der Freiarbeit (beispielsweise Zuhören, Einordnen in eine Gemeinschaft, Gedankengänge einbringen und Zustimmung beziehungsweise Kritik erfahren).

Der dritte wesentliche Bestandteil des Schulbetriebes ist die Projektarbeit. Die Schüler können aus einer Anzahl angebotener Projekte ihren Neigungen entsprechend auswählen und in Gruppen daran teilnehmen. In der Grundschule gibt es beispielsweise Projekte aus den Bereichen Mathematik, Sprache, Natur, Technik und Geschichte sowie Musik- und Theaterprojekte. Sie werden nach den Vorstellungen des Lehrers, unter Berücksichtigung der in der Schule vorhandenen Möglichkeiten zusammengestellt, und es wird darauf geachtet, daß die Schüler ein gewähltes Projekt zu Ende führen.

Von großer Bedeutung für das interne Schulklima und das soziale Zusammenwirken sind Aktivitäten wie Gesprächskreise, Ausflüge, Schulfeste und Aufenthalte in einem Landschulheim.

Weiterhin sind nach Lehrplan Sport, Religion, Kunst und Musik und der in den höheren Klassen vorgeschriebene Fachunterricht in Physik, Englisch, Hauswirtschaft, Informatik und Werken im Schulbetrieb enthalten.

Ab der sechsten Klasse wird großer Wert auf Praktika in der realen Arbeitswelt gelegt. Sie dauern ein bis zwei Wochen und werden sorgsam in entsprechenden Erfahrungsberichten ausgewertet und dokumentiert. Dadurch wird sowohl eigene unmittelbare Erfahrung aus dem Arbeitsleben gesammelt als auch das Verständnis für die Arbeit und das Leben der Menschen in der Gesellschaft gefördert.

Erziehungsinhalte

Außer dem Bildungsauftrag und den Lerninhalten des amtlichen Lehrplanes, der auch in den Montessori-Schulen als Orientierung dient, gibt es folgende weitergehende Erziehungsinhalte, die im Rahmen der Montessori-Pädagogik besonders gepflegt werden:

Soziale Erziehung

Das Kind hat jederzeit die Möglichkeit, in sozialer Hinsicht mit gleichaltrigen, jüngeren oder älteren Kindern aktiv zu sein, und indem es sich auf soziale Kontakte einläßt, lernt es,
- seine Meinung zu vertreten,
- Geduld, Achtung und Toleranz zu üben,
- seine Fähigkeiten und Grenzen einzuschätzen,
- sich selbst zu öffnen und für Neues und Andersartiges aufgeschlossen zu sein.

Durch solche Erfahrungen entsteht ein sich festigender Charakter, welcher die Grundbedingung für ein selbstsicheres Hinausschreiten in das Leben ist.

Ethik und Friedenserziehung

Die Schüler erleben täglich ethische Handlungsmöglichkeiten in konkreten Lebenssituationen. Ethische Erziehung findet daher altersgemäß in allen Jahrgangsstufen laufend statt. Die Kinder erfahren, daß es möglich ist, innerhalb des schulischen Rahmens ihr Leben selbst zu gestalten. Eine wichtige Regel ist, niemanden durch Wort oder Tat zu verletzen. Die Lehrer fördern die Bereitschaft, Toleranz zu üben und tragen aktiv dazu bei, Konflikte friedlich zu lösen.

Kosmische Erziehung

Maria Montessori hat ihre Vorstellung von einer kosmischen Erziehung auf folgender theoretischer Grundlage entwickelt: Sie ging davon aus, daß der gesamten Schöpfung ein einheitlicher Plan zugrunde liegt, von dem nicht nur die verschiedenen Formen des Lebens, sondern auch die Entwicklung der Erde selbst abhängt. Die Natur stellt eine Ganzheit dar, in der jedes Teil, jede Pflanze und jedes Lebewesen eine Aufgabe für das Ganze erfüllt. Umgekehrt dient das Ganze den einzelnen Teilen, so daß ein harmonisches Zusammenwirken entsteht und erhalten bleibt. Der Mensch ist zwar Teil der Natur, nimmt aber eine Sonderstellung ein, da er bewußt Entscheidungen treffen und eine Veränderung der Natur bewirken kann. Maria Montessori sieht den Menschen eingebunden in einen kosmischen Schöpfungsplan, und von daher sollte er im Einklang stehen mit der Natur und seinen Mitmenschen.

Aufgabe einer kosmischen Erziehung ist es, dem Kind eine Vorstellung vom Zusammenspiel der Teile der Natur und dem Menschen zu vermitteln, woraus Achtung vor und Verantwortung für die Natur und die vom Menschen geschaffene Kultur erwachsen. Die kosmische Erziehung umfaßt sowohl das Wissen über die Welt (Teilaspekte sind Astronomie, Geographie, Geologie, Physik, Chemie, Biologie, Soziologie, Geschichte, Politik) als auch das Verstehen der Zusammenhänge und das Erkennen des Zusammenspiels der untereinander wirkenden Kräfte.

Nach den Vorstellungen von Maria Montessori sollte das Ziel sein, *das Kind nicht nur zum bloßen Verstehen zu führen, und noch weniger, es zum Auswendiglernen zu zwingen, sondern seine Phantasie anzustoßen, so daß es sich zutiefst begeistert.* (8)

Die praktische Umsetzung beginnt bei der Pflege der Zimmerpflanzen und der Betreuung des Schulgartens, setzt sich fort in kleineren Versuchen aus dem naturwissenschaftlichen Bereich, die in Experimentierecken oder im kosmischen Raum durchgeführt werden, und reicht bis zur unmittelbaren Lernerfahrung und einem meditativen Erleben draußen in der Natur. Die Auseinandersetzung mit Details ist dabei eine wesentliche Voraussetzung, um die Welt des Ganzen mittels Vorstellungskraft zu erfassen. In der kosmischen Erziehung sind die begleitenden Worte des Lehrers von zentraler Bedeutung. Von seinem umfassenden

Wissen und seiner persönlichen Einstellung hängt es ab, ob der Funke der Begeisterung auf die Schüler überspringt.

Musik- und Bewegungserziehung

Die Musik- und Bewegungserziehung will Freude an musikalischen Ausdrucksformen wecken und schöpferische Kräfte im Kind entwikkeln, wobei die Eigenaktivität des Kindes im Vordergrund steht. Durch pentatonisches Musizieren werden spielerisch rhythmisch-metrische Abläufe erfahren. Einfache Begleitungen von Liedern und freies Improvisieren an leicht spielbaren Instrumenten fördern die musikalische Wahrnehmungs- und Ausdrucksfähigkeit. Weiterhin wird ein vielfältiges Liedergut angeboten, das den Ausgangspunkt für einen freien und schöpferischen Umgang mit Musik, Sprache und Bewegung bilden kann. Musik und Bewegung werden, wann immer möglich, im Sinne eines ganzheitlichen Erlebens und Lernens, miteinander verbunden.

Kunsterziehung und Werken

Der Bereich Kunsterziehung und Werken soll die Freude der Kinder am eigenen Gestalten fördern und bildnerische, gestalterische und technische Fähigkeiten weiterentwickeln.

Hierzu stehen in den Unterrichtsräumen eine Auswahl unterschiedlicher Stifte, Farben, Bilder und Gegenstände zur Verfügung, die die Kinder zum freien Zeichnen und Malen anregen. Der Werkraum mit den dort vorhandenen vielfältigen Materialien, Werkzeugen und Fachbüchern, bietet mannigfache Betätigungsmöglichkeiten.

Durch Teilnahme an Gruppenangeboten und Projekten erlangen die Schüler Kenntnisse über Werkverfahren (Sägen, Schnitzen, Töpfern...) und werden mit verschiedenen Techniken der bildnerischen Darstellung (Malen, Drucken, Schneiden, Kleben...) vertraut gemacht.

Sie erhalten Anregungen für die eigene selbständige Arbeit, in der sie dann die Erfahrung mit ihrer eigenen Motivation, Kreativität, Ausdauer und Sorgfalt machen können.

Aufgabe und Verantwortung der Lehrer

Das erste, was zu diesem Thema zu sagen ist, gilt unabhängig vom jeweiligen Schulsystem und der dort angewandten Pädagogik: Ein Lehrer ist eine sehr wichtige Bezugsperson für ein Kind, und dementsprechend muß er ein Vorbild und eine Persönlichkeit sein.

Während an der Regelschule der Lehrer eine zentrale Rolle einnimmt, den Unterricht plant und vorbereitet und auch der eigentliche Lernanstoß und die Lernentscheidung von ihm ausgehen, liegt in der Montessori-Schule das Schwergewicht deutlich auf den Aktivitäten des Kindes. Der Lehrer ist eher ein Helfer, der das Kind auf seinem Weg zur Persönlichkeitsentfaltung unterstützt. Aufgabe des Lehrers ist es,

- dem Kind Achtung, Liebe und Geduld entgegenzubringen,
- das Kind sehr genau zu beobachten und sich gut einzufühlen,
- selbst am Rande zu stehen, jedoch genau zu erkennen, wann Hilfe oder Eingreifen nötig ist.

In der praktischen Umsetzung werden die Lehrer zunächst eine vertrauensvolle Atmosphäre schaffen sowie für ein positives soziales Leben und die Einhaltung einer von allen akzeptierten Schulordnung sorgen.

In der Freiarbeit wird in den Gebrauch des Materials eingeführt und die gewählte Thematik besprochen. Je nach Bedarf erfolgt Zuspruch und Hilfestellung, und wenn nötig werden auch Grenzen aufgezeigt.

Besondere Verantwortung haben die Lehrer für jene Kinder, die mit der Arbeitsform der Freiarbeit Schwierigkeiten haben, sei es, daß sie am liebsten nichts tun oder sich über lange Zeit nur einseitig mit einer Materialgruppe beziehungsweise nur einem Thema beschäftigen. Hier gilt es, die Gründe herauszufinden und immer wieder zu versuchen, Interesse zu wecken und zu motivieren, oder auch eine direktere Führung walten zu lassen.

Im Gesamtunterricht und in der Projektarbeit hat der Lehrer eine vermittelnde, gestaltende oder leitende Aufgabe. In der kosmischen Erzie-

34

hung kommt es nicht nur auf sein umfassendes Wissen, sondern auch auf seine innere Einstellung an, wenn es gelingen soll, die Vorstellungen von Maria Montessori umzusetzen.

Mit Ausnahme der obersten Klassen werden anstelle einer Notengebung die Schüler in ihrem Sozial- und Lernverhalten sehr genau beobachtet. Die Lehrer führen Aufzeichnungen über den Lernfortschritt, die vor allem einem besseren Verständnis für das Kind dienen sollen und auch für die Eltern einsehbar sind. Rückmeldung über Lern- und Sozialentwicklung erhalten Eltern und Schüler in ausführlichen, teilweise gemeinsamen Gesprächen. Zusätzlich gibt es am Jahresende (in manchen Schulen auch halbjährlich) einen „persönlichen Brief" des Lehrers für den Schüler, in dem die Entwicklung dargestellt, Stärken und Schwächen benannt sowie zukünftige Wege aufgezeigt werden.

Praktische Beispiele

Die nachfolgenden Beispiele, welche überwiegend aus selbsterlebten Situationen stammen, sollen die Montessori-Pädagogik und ihre praktische Umsetzung aus verschiedenen Blickwinkeln beleuchten und zugleich einen Eindruck von ihren Möglichkeiten und Grenzen vermitteln:

Das Lebkuchenhaus

In der Vorweihnachtszeit gab es in unserer Klasse alljährlich einen Adventsnachmittag, an dem Kinder, Lehrer und Eltern gemütlich bei Plätzchen und Tee zusammensaßen und sich zwanglos über alle möglichen Themen unterhielten. Die Kinder hatten zusammen mit den Lehrern das Klassenzimmer adventlich geschmückt, und die Eltern sorgten für köstliches Backwerk. Auf einem eigenen Tisch stand ein großes Lebkuchenhaus, welches die Kinder kunstvoll verziert und mit kleinen Wachskerzen versehen hatten. Bei herannahender Dämmerung wurden die Kerzen im Klassenzimmer und rund um das Lebkuchenhaus angezündet, wodurch eine sehr stimmungsvolle Atmosphäre entstand. Erst nachdem alle das Bild des beleuchteten Lebkuchenhauses in sich aufgenommen hatten, durfte es von den Kindern zerteilt und gegessen werden.

In der dritten Klasse geschah das Aufteilen des Lebkuchenhauses wie folgt: Die Kinder reservierten einen Teil des Lebkuchenhauses für jene Kinder, die an diesem Tag gefehlt hatten. Danach griff jedes Kind selbst zu und holte sich nach eigenem Ermessen ein Stück von dem Lebkuchenhaus. Besonders lecker aussehende und daher begehrte Stükke bekamen jene Kinder, die eben flink und geschickt agierten.

Ein Jahr später, in der vierten Klasse, hatten sich die Kinder auf eine andere Verteilung geeinigt: Zuerst wurde wieder ein Anteil für die nicht anwesenden Kinder der Klasse reserviert. Danach bestimmten die Kinder aus ihrer Mitte einen Jungen, dem sie die Aufgabe der gerechten Verteilung übertrugen. Der Junge verteilte nach seinem Empfinden das Lebkuchenhaus, und alle Kinder waren mit der Zuteilung zufrieden.

Dieses Beispiel zeigt nach meiner Einschätzung deutlich, welche Fortschritte in der sozialen und ethischen Erziehung innerhalb eines Jahres gemacht wurden. Es ist eine respektable Leistung, daß die Kinder selbst einen Weg gefunden haben, in fairer Weise miteinander diese Aufteilung vorzunehmen.

Freude am Rechnen

Unser Sohn verblüffte mich, als er in der vierten Klasse zur Zeit der Weihnachtsferien zu mir kam und von sich aus sowohl Kopfrechnen als auch Beispiele aus den vier Grundrechnungsarten schriftlich rechnen wollte. Diese Aktivität verknüpfte er mit der Idee, für seine beiden Stofftier-Affen „Heinzi" und „Bibi" eine „Affenschule" abzuhalten. Erstaunlicherweise war das freiwillige Rechnen keine einmalige Aktion in den Ferien, sondern blieb beständig an den Wochenenden erhalten und bereitete Vater und Sohn Freude. Es war verbunden mit einem gewissen Stolz auf die erreichte Rechenfertigkeit und zugleich mit dem Bestreben, im Spiel anderen (beispielsweise den Stofftier-Affen), das Rechnen lehren zu können.

Für mich war dies ein deutliches Zeichen, daß es der Montessori-Pädagogik gelungen ist, die Mathematik interessant und freudig zu vermitteln, so daß es Spaß machte, auch in den Ferien und an Wochenenden selbst zu rechnen und den Rechenvorgang anderen zu lehren.

Freiwillige Diktate

Nachdem der Sprachunterricht in der vierten Klasse schon gut vorange-
kommen war und auch die Rechtschreibregeln vermittelt worden waren, bekamen die Kinder Gelegenheit zur Teilnahme an Diktaten, wobei sie selbst wählen konnten, ob diese Diktate benotet werden sollten
oder nicht.

Es war erstaunlich, daß sich die Kinder freiwillig zu den Diktaten
einfanden und teilweise auch die Benotung zur Unterstützung der Selbsteinschätzung gewünscht hatten.

Hieraus ist ersichtlich, daß Sprache und Rechtschreibung so vermittelt werden können, daß Freude und Interesse erhalten bleiben und sogar
der Wunsch nach objektiver Benotung vom Schüler her aufkommt.

Impulse aus der Projektarbeit

Bereits in der dritten und vermehrt in der vierten Klasse hat die Projektarbeit den Schülern viel Freude bereitet und sie motiviert, sich auch zu
Hause freiwillig und intensiv mit ähnlichen Themen zu beschäftigen.

In der dritten Klasse wurden im „Elektroprojekt" einfache Strom-
kreise mit Batterie, Schalter, Glühbirnen, Klingel und kleinen Elektro-
motoren aufgebaut und so durch eigenes Tun erste Erfahrungen im
Umgang mit der elektrischen Energie gesammelt. Die davon ausgegan-
genen Impulse waren so stark, daß zu Hause mit ähnlichen Aufbauten
weiter experimentiert wurde.

In der vierten Klasse hat das Projekt „Messen und Wiegen" den Er-
fahrungsschatz der Schüler sehr bereichert und auch hier reichte das ge-
weckte Interesse hinein in den familiären Bereich, so daß beispielsweise
die Maße in Autoprospekten, die Entfernungsangaben für Fahrstrecken
und auch die Gewichtsangaben im Kaufladen mit ganz anderen Augen
betrachtet wurden.

Kreative Tätigkeiten

Sowohl im Rahmen der Freiarbeit als auch in einigen angebotenen Projekten gab es für die Schüler vielerlei Möglichkeiten für selbständige kreative Tätigkeiten.

Unser Sohn liebte sehr das Basteln im Werkraum und setzte oftmals seine phantasievollen Ideen in improvisierte gegenständliche Ausführungen um, die er dann stolz nach Hause brachte. So entstanden aus Holz und Pappe Schiffs- und Flugzeugmodelle, Computer-Nachbildungen, Eisenbahnsignale, Radios und Uhren, die alle wesentlichen Merkmale der Vorbilder zeigten.

Gerade dieses Basteln ist auch eine sehr wichtige Art der Verarbeitung von Eindrücken der umgebenden Welt und leistet so einen Beitrag zu einer gesunden psychischen Entwicklung.

Weiterhin förderte das angebotene Musik-Theater den zwanglosen Umgang mit Instrumenten und musikalischen Ausdrucksformen und hat bei unserem Sohn zu einer Vorliebe für das frei improvisierte Klavierspiel geführt.

In vereinzelten Fällen kommen Kinder mit der Montessori-Pädagogik und den gebotenen Freiheiten nicht zurecht.

Einen dieser seltenen Fälle gab es auch an unserer Schule. Eine Familie, welche bereits längere Zeit ihr leibliches Kind an der Montessori-Schule hatte, wollte auch das Adoptivkind aus einem anderen Kulturkreis in diese Schule schicken. Es zeigte sich jedoch, daß dieses Kind mit der Freiarbeit und dem pädagogischen Material, trotz Hilfestellung der Lehrer, nicht zurecht kam und störend oder aggressiv reagierte. Die Eltern entschieden sich daraufhin für eine besondere Regelschule und berichteten, daß in einer Struktur von detaillierten und strengen Anweisungen und Kontrollen eine Verbesserung des Schulverhaltens eingetreten war.

Für mich ist daraus zu ersehen, daß nicht jedes Kind gut in eine Montessori-Schule paßt und die im Kind angelegten Programme der Selbstentfaltung doch sehr unterschiedlich sein können oder manchmal von anderen Einflüssen stark überdeckt werden.

Selbstgewählte Aktivitäten oder Themen können sehr dominant werden und sich nachteilig auf den Schulbetrieb auswirken.

Bei der Mehrzahl der Jungen aus der Klasse unseres Sohnes war Fußball die dominante Aktivität, und wann immer es möglich war, wurde, dem Wunsch der Mehrheit entsprechend, auch Fußball gespielt. Es entwikkelte sich eine Fußball-Clique, und weniger sportliche Jungen und Mädchen waren dabei kaum beteiligt. Da einige der Jungen auch in Vereinen spielten, bekam der Schulfußball Akzente eines Kampfsportes, und die Lehrer hatten Mühe, dies alles wieder zu normalisieren und in vertretbare Bahnen zu lenken.

Für mich ist das die Kehrseite der vorhandenen großen Freiräume, und ich sehe hier eine besondere Verantwortung der Lehrer, einseitig dominanten Tendenzen, die sich ergeben können, rechtzeitig entgegenzuwirken.

**In einzelnen Fällen kann das erreichte Lernniveau
gering sein.**

Da jedem Kind weitgehend seine individuelle Entwicklung zugestanden wird, kann es in seltenen Fällen vorkommen, daß eine sehr einseitige Entwicklung eintritt und in Teilbereichen das erwartete Lernziel nicht erreicht wird.

Bei einem Jungen aus unserer Schule war dies der Fall. Er war zwar herausragend im kreativen Werken, doch in anderen Bereichen blieb seine Entwicklung zurück. Als er die Schule verließ, wurde er in der Regelschule eine Klasse tiefer aufgenommen und hatte auch dort anfängliche Schwierigkeiten.

Hier liegt eine große Verantwortung bei den Lehrern und Eltern, solche Tendenzen rechtzeitig zu erkennen und Wege zu finden, korrigierend einzugreifen.

Keine Pflicht für Hausaufgaben

Wenn man einerseits einen individuellen Entwicklungsweg zugesteht, ist es andererseits nicht möglich, für alle Schüler gleichartige Hausaufgaben zu geben. Wenn überhaupt Hausaufgaben, dann müßten es individuelle Hausaufgaben sein, und dabei stößt man auch bei zwei Lehrern pro Klasse an die Grenze des Machbaren.

Es gab an unserer Montessori-Grundschule keine verpflichtenden Hausaufgaben. Die Schüler hatten Wochenarbeiten zu erledigen, und wenn ein Schüler damit in der Schule nicht fertig wurde, konnte er die restlichen Arbeiten zu Hause erledigen. Weiterhin gab es die Möglichkeit zu freiwilligen Hausaufgaben, die allerdings selten (von unserem Sohn nie) genutzt wurde. Eine weitere Variante war, daß Eltern nach Absprache mit den Lehrern Hausaufgaben vergeben haben (beispielsweise jeweils einen Abschnitt aus einem fortlaufenden Übungsheft in Sprache oder Rechnen).

In der vierten Klasse wurde jenen Kindern, welche auf das Gymnasium überwechseln wollten, dringend empfohlen, selbst Hausaufgaben zu machen, aber diese wurden nicht verbindlich vorgeschrieben. Es hing also sehr von der Einstellung und der Einflußnahme der Eltern ab, was auf diesem Sektor geschah.

Nach meiner ganz persönlichen Meinung sollten zumindest fallweise verpflichtende Hausaufgaben gegeben werden, und zwar immer dann, wenn der Lehrer erkennt, daß Übung nötig ist, um das vorgegebene Lernziel zu erreichen. In Anbetracht der großen Freiräume, die es an Montessori-Schulen im Vergleich zu Regelschulen gibt, könnte die Vergabe von verpflichtenden Hausaufgaben in maßvollem Umfang nicht nur dem Lernerfolg, sondern auch der Schulung des Pflichtbewußtseins dienen.

Einheitliche Umsetzung des pädagogischen Konzeptes der Schule

An unserer Montessori-Schule gab es Phasen, in denen die praktische Umsetzung des pädagogischen Konzeptes der Schule, abhängig von den jeweiligen Lehrern, in den einzelnen Klassen sehr unterschiedlich war.

Immer dann, wenn wenig verpflichtende Strukturen vorhanden und große Freiräume gegeben sind, kommt es auf hohe Übereinstimmung und verbindliche Absprachen im Lehrer-Team an, damit das pädagogische Konzept der Schule möglichst einheitlich umgesetzt wird, denn andernfalls kann das Ansehen der Schule leiden.

Die Zielsetzung aller Bemühungen sollte sein, einen Mittelweg zwischen Wohlfühlen der Kinder und Leistungsanspruch zu verwirklichen. Diesem Ziel ist man schließlich an unserer Schule, nach externer Hilfestellung und internen Beratungen, wieder sehr nahe gekommen.

Eltern / Lehrer-Verhältnis

Die wesentlichen Gesichtspunkte der Eltern / Lehrer-Zusammenarbeit lassen sich wie folgt zusammenfassen:

- Die Lehrer gehen davon aus, daß die Eltern mit den Grundgedanken der Montessori-Pädagogik vertraut sind oder sich vertraut machen wollen und auch selbst danach handeln.
- Das Kind wird in seiner Persönlichkeit hoch geachtet und seine Wünsche und Äußerungen zum Schulbetrieb und zum sozialen Gefüge werden stets sehr ernst genommen, analysiert und mit den Eltern besprochen.
- Die Eltern haben an den Elternabenden, die etwa alle vier Wochen stattfinden, Gelegenheit zu einer sehr intensiven Information über den Schulbetrieb. Außerdem besteht die Möglichkeit, im Rahmen eines Tagesbesuches, die praktische Anwendung der Montessori-Pädagogik in einem Schultagesablauf der Kinder kennenzulernen.
- Die Gespräche über die Entwicklung des Kindes erfolgen in der Regel auf Wunsch der Eltern, werden nach Bedarf angemeldet und zum Teil auch gemeinsam mit dem Schüler geführt.
- Es wird ein kollegiales und kooperatives Verhältnis zwischen Lehrern und Eltern angestrebt, wobei die Förderung des Kindes stets das zentrale Anliegen ist.

Da viele Eltern eine andere Pädagogik in ihrer Schulzeit erlebt haben und sich kaum vorstellen können, daß Lernen ohne Druck möglich ist, müssen die Lehrer gelegentlich Überzeugungsarbeit leisten und deutlich machen, daß sich die Kinder in der Montessori-Schule nicht nur wohlfühlen, sondern auch das Lernziel erreichen.

Diskussion

Die Diskussion möchte ich mit meinen ganz persönlichen Erfahrungen in einer Montessori-Schule einleiten:

Als „Quereinsteiger" kam unser Sohn aus einer zweiten Klasse Regelschule in die zweite Klasse Montessori-Schule, wo er nach einer Woche Probezeit mit Beschluß des Lehrerteams aufgenommen wurde. Da die Gegebenheiten und Strukturen der Regelschule seinem individuellen Entwicklungsweg nicht Rechnung getragen hatten, war der Wechsel von uns Eltern gewollt und hat sich als Segen für unser Kind erwiesen. Sehr einfühlsame und liebevolle Lehrer verhalfen ihm, sein Selbstwertgefühl wiederzugewinnen und sich in der neuen Schule einzuleben. Die Grundsätze der Montessori-Pädagogik waren in seinem Fall voll zutreffend, und er hat sich im Rahmen dieser Pädagogik gut entwickelt. Die Freiarbeit, die kreativen Betätigungsmöglichkeiten und die interessante Projektarbeit haben ihm besondere Freude bereitet und viele Anregungen vermittelt. Verglichen mit der Regelschulzeit, war die Montessori-Schule für ihn gleichsam ein Sanatorium für Körper, Seele und Geist, wobei auch der Leistungsanspruch ohne Druck erfüllt werden konnte. In Zufriedenheit und Dankbarkeit blicken wir auf diese zweieinhalb Jahre Montessori-Pädagogik zurück.

Nun soll der Frage nachgegangen werden, wie die im Kapitel I genannten Anforderungen an ein Schulsystem von Montessori-Schulen erfüllt werden:

Ganz sicher ist, daß Schüler durch die Montessori-Pädagogik frühzeitig zur Selbständigkeit geführt werden, Selbstbewußtsein erlangen sowie Flexibilität und Improvisation kennenlernen. Dies ist darauf zurückzuführen, daß die Kinder im gesamten Schulbetrieb eine aktive Rolle einnehmen und vor allem in der Freiarbeit weitgehend selbständig die von ihnen gewählten Aufgaben durchführen, wobei gleichsam von selbst die Ausbildung der oben genannten Fähigkeiten und Eigenschaften gefördert wird. Weiterhin wird durch die Vergabe von Wochenarbeiten die Selbständigkeit in der Arbeits- und Zeiteinteilung unmittelbar praktiziert.

Auch der soziale Umgang - ein zentrales Anliegen der Montessori-Pädagogik - wird sorgsam entwickelt und bewußt geübt. Einerseits erfährt das Kind selbst die Achtung seiner Persönlichkeit, andererseits wird es dazu angehalten, die akzeptierten Regeln des Zusammenlebens in der Schulgemeinschaft einzuhalten und Toleranz, Hilfsbereitschaft oder Rücksichtnahme im alltäglichen Schulbetrieb zu üben.

Die Förderung der individuellen Entwicklung ist in sehr hohem Maße gegeben, da

- eine Atmosphäre des Vertrauens und der Geborgenheit in der Schule realisiert ist,

- jedem Kind ein individueller Entwicklungsweg zugestanden wird (Grundprinzip der Montessori-Pädagogik),

- einfühlsame Lehrer vorhanden sind, die sich für das einzelne Kind genügend Zeit nehmen, es genau beobachten und fallweise mit gezielten Förderungsmaßnahmen lenkend eingreifen,

- mit viel Feinfühligkeit individuelle Zuwendung erfolgt sowie Anerkennung ausgesprochen wird und nötige Korrekturen ohne Verletzung des Selbstwertgefühls vorgenommen werden.

Die Erweckung von Fähigkeiten wird ebenfalls durch die zuvor genannten Bedingungen begünstigt und durch die Vielzahl der Anregungen und Angebote zum kreativen Handeln sowie durch eine verständnisvolle Anerkennung der aus den Kindern hervorkommenden spontanen Aktivitäten wirksam gefördert.

Bei der Vermittlung von Wissen wird mehr Wert auf tieferes Verständnis der Zusammenhänge als auf abrufbares „Speicherwissen" gelegt, und es werden Wege und Methoden zur selbständigen Wissenserarbeitung aufgezeigt. Es wird auch auf die Entstehung des Wissens eingegangen und dankbar jener Pioniere und Entdecker gedacht, die mit staunenswerten Fähigkeiten des menschlichen Geistes den Geheimnissen der Natur nachgegangen sind, so daß wir nun das überlieferte Wissen in unsere Bildung einbringen können.

Das Erlernen von Fertigkeiten wird auf individuelle Art und Weise erfüllt, so daß den Kindern die Freude und Motivation erhalten bleibt. Außer Rechnen, Schreiben und Lesen werden Fertigkeiten des täglichen

Lebens, wie Kochen, Handarbeit, Körperpflege oder Entspannungsübungen bereits in der Grundschule praktiziert. Der nützliche und sinnvolle Umgang mit dem Computer und den Medien ist ein wichtiges Thema in den höheren Klassen. Darüber hinaus wird im Rahmen von Projektarbeit, wie beispielsweise Töpfern, Textilwerken oder Fotografie, in kreative Fertigkeiten eingeführt.

Sowohl bei der Wissensvermittlung als auch bei dem Erlernen von Fertigkeiten wird der letztlich erreichte Stand wesentlich mehr variieren und vom Schüler selbst abhängen, als das in der Regelschule der Fall ist. Dies ergibt sich aus der Tatsache, daß die Schüler in der Freiarbeit je nach Interessenslage und Motivation die Themen und Fertigkeiten unterschiedlich vertiefen und üben.

Treffen in einem Bereich Begabung und Neigung zusammen, so wird unter fachkundiger Betreuung ein überdurchschnittlicher Leistungsstand erreicht. Umgekehrt können, bei geringer Begabung und wenig Interesse, die Ergebnisse auch unter dem Durchschnitt bleiben.

Vereinzelt, und nur dann, wenn die Lehrer extreme Vorstellungen von der Freiheit des Entwicklungsweges vertreten, kann es vorkommen, daß Schüler sich bis in höhere Klassen durchschmuggeln, ohne gewisse Grundfertigkeiten, wie beispielsweise Lesen, genügend erlernt zu haben. Zeichnet sich eine solche Situation ab, sollte rechtzeitig im Gespräch zwischen Eltern und Lehrern geklärt werden, wie weit die Freiheit des individuellen Entwicklungsweges gehen soll und wann gegebenenfalls eine stärkere Führung oder therapeutische Maßnahmen notwendig sind.

In Bezug auf Charakterbildung wird sehr viel geleistet, da die an Montessori-Schulen in Theorie und Praxis gepflegte soziale, ethische und kosmische Erziehung einen äußerst positiven Einfluß ausübt. Weiterhin liefert die Freiarbeit, in der sowohl eigenständiges Arbeiten als auch Zusammenarbeit möglich sind, vielerlei charakterbildende Erfahrungen und stellt ein ständiges Übungsfeld für Hilfsbereitschaft, Rücksichtnahme, neidlose Anerkennung der Arbeitsergebnisse von Mitschülern und Mitverantwortung für das eigene Lernen dar.

Auch der Vorbereitung auf das Leben in Beruf und Gesellschaft wird sehr gut Rechnung getragen, wozu insbesondere die vorgesehenen Praktika in der Oberstufe beitragen. Da für Jugendliche die Arbeit in der

Gruppe und das Interesse an gesellschaftlichen Zusammenhängen in den Vordergrund rücken, sind sowohl Betriebspraktika als auch Sozialpraktika eine hervorragende Erfahrungsquelle für das Leben in unserer Gesellschaft.

Zum Thema Lebensplan und Sinnfindung hat Maria Montessori besonders in ihren späten Werken viele Anregungen, Beispiele und Denkanstöße gegeben. Daher ist vom Ansatz her die Thematik in der Montessori-Pädagogik durchaus vorhanden - ob sie ausgebaut und vertieft wird, hängt entscheidend von den Lehrern und deren Einstellung dazu ab.

Zusammenfassend kann festgestellt werden:

Die Montessori-Pädagogik stellt das Prinzip der Selbstentwicklung des Kindes und die Achtung der Individualität in den Mittelpunkt und erlaubt in weiten Grenzen eine individuelle Entwicklung von Fähigkeiten und Fertigkeiten. Sie vermittelt ohne Zwang das nötige Grundlagenwissen sowie die Grundfertigkeiten und ist besonders für jene Kinder geeignet, die ein hohes Maß an Eigeninteresse, Entdeckerfreude, natürliches Lernenwollen und Eigeninitiative mitbringen, bei denen also die Selbstentwicklungsmechanismen ausgeprägt vorhanden sind.

Kinder, deren natürliche Selbstentwicklungsprogramme nicht so ausgeprägt sind oder von Wesenszügen wie Scheu vor Anstrengung, Ängstlichkeit vor neuen Dingen, Hang zur Passivität oder mangelndes Selbstvertrauen überlagert werden, haben es auch in einer Montessori-Schule schwer. Sie bedürfen in besonderem Maße des Zuspruchs, der Motivation und gegebenenfalls einer stärkeren Führung durch den Lehrer.

Die Frage, ob für ein bestimmtes Kind die Montessori-Schule richtig ist, hängt eng mit seinem Verhalten in der Freiarbeit zusammen. Kommt es gut mit der Freiarbeit zurecht und entwickelt es genügend selbständige Aktivitäten, so wird es sicherlich zumindest in der Grundschulzeit in einer Montessori-Schule gut gefördert und erlebt dort auch eine glückliche Schulzeit.

In der vierten Klasse sollten die Eltern, zusammen mit dem Kind und den Lehrern, die Frage des weiteren Schulweges kritisch prüfen und ohne vorgefaßte Vorstellungen nach der besten Lösung suchen.

1) Helmut Heiland, Maria Montessori, Reinbek 1993³, S.74 f.
2) Maria Montessori, Kinder sind anders, München 1994⁹, S.44
3) Barbara Esser und Christiane Wilde, Montessori-Schulen, Reinbek 1992, S.28 ff.
4) Maria Montessori, Kinder sind anders, München 1994⁹, S.46 ff.
5) Barbara Esser und Christiane Wilde, Montessori-Schulen, Reinbek 1992, S.40 ff.
6) ebd., S.62 ff.
7) ebd., S.40 ff.
8) Maria Montessori, Kosmische Erziehung, hrsg. v. Paul Oswald und Günter Schulz-Benesch, Freiburg 1988, S.47

III.
WALDORF - PÄDAGOGIK

Historie

Rudolf Steiner, der Begründer der Waldorf-Pädagogik, wurde am 27. Februar 1861 in Kraljevec, das damals zur österreichisch-ungarischen Monarchie gehörte, geboren. Er war das älteste von drei Kindern eines Beamten der österreichischen Südbahn. Seine Kindheit und Jugend verbrachte er an verschiedenen Orten Österreichs. Er besuchte die Realschule in Wiener-Neustadt und legte 1879 sein Abitur mit Auszeichnung ab. Anschließend studierte er bis 1882 an der Technischen Hochschule in Wien und belegte als Hauptfächer Mathematik, Physik, Chemie und Biologie. Gleichzeitig befaßte er sich mit Philosophie und Literaturgeschichte, wobei die Schriften Johann Gottlieb Fichtes für ihn wegweisend wurden.

Karl Julius Schroer, der als Professor für Literaturgeschichte Vorlesungen hielt, empfahl den einundzwanzigjährigen Studenten Rudolf Steiner an Professor Josef Kürschner, der ihn 1882 mit der Herausgabe von Goethes naturwissenschaftlichen Schriften für „Kürschners Deutsche Nationalliteratur" beauftragte. Steiner sah in den Werken Goethes, insbesondere in den naturwissenschaftlichen Schriften, ein Bindeglied zwischen dem Weltverständnis seiner Studienfächer und seinen eigenen geistig/religiösen Einsichten und Erkenntnissen.

1884 bis 1890 verdiente er seinen Lebensunterhalt als Privatlehrer eines hydrocephalen Knaben bei einer Wiener Kaufmannsfamilie. Dabei betrieb er intensiv menschenkundliche Studien, sammelte unmittelbare pädagogische und psychologische Erfahrung und war mit seiner Erziehungsarbeit so erfolgreich, daß der als nicht schulfähig eingestufte zehnjährige Junge bereits nach zwei Jahren ins Gymnasium aufgenommen werden konnte und später sogar Medizin studierte. Weiterhin verfaßte er in dieser Zeit als Redakteur bei der „Deutschen Wochenschrift" in Wien mehrere Aufsätze über politische Themen und begegnete Josef Breuer, dem Lehrer Sigmund Freuds.

1890 übersiedelte Rudolf Steiner nach Weimar, wo er als Mitarbeiter am Goethe- und Schiller-Archiv an der Herausgabe der sogenannten „Sophien-Ausgabe" von Goethes Schriften mitwirkte.

1891 promovierte er an der Universität Rostock zum Doktor der Philosophie. Seine Dissertation wurde 1892 unter dem Titel „Wahrheit und Wissenschaft" veröffentlicht.

1894 erschien sein bekanntes Werk „Die Philosophie der Freiheit". Er lernte den Naturwissenschaftler Ernst Haeckel und den Philosophen Friedrich Nietzsche kennen und befaßte sich in verschiedenen Veröffentlichungen mit ihren Werken. 1897 fanden seine Goethe-Studien mit dem Buch „Goethes Weltanschauung" einen einstweiligen Abschluß, und er übersiedelte nach Berlin.

Dort war er sowohl publizistisch (Herausgeber des „Magazins für Literatur" und der „Dramaturgischen Blätter") als auch als Lehrer an der von Liebknecht gegründeten Arbeiter-Bildungsschule tätig. 1899 heiratete er Anna Eunike, eine Witwe mit fünf Kindern.

Ab der Jahrhundertwende betätigte sich Rudolf Steiner vornehmlich als freier Schriftsteller und Vortragender. Er kam in Kontakt mit der Theosophischen Gesellschaft und wurde 1902 mit der Leitung der deutschen Sektion der Theosophischen Gesellschaft betraut. Es kam zur Begegnung mit Annie Besant, der Vorsitzenden der internationalen Theosophischen Gesellschaft und zum Aufbau von theosophischen Logen im In- und Ausland.

In seinen Vorträgen und Schriften vertrat er teilweise nicht die überlieferten theosophischen Lehren, sondern seine eigenen, stärker abendländisch geprägten geisteswissenschaftlichen Forschungsergebnisse und Einsichten. Zu seinen Hauptwerken aus dieser Epoche zählen „Theosophie", „Wie erlangt man Erkenntnisse der höheren Welten" und „Die Geheimwissenschaft im Umriß" sowie die Programmschrift „Die Erziehung des Kindes vom Gesichtspunkte der Geisteswissenschaft". Weiterhin schrieb er vier Mysteriendramen, welche unter seiner Leitung in München uraufgeführt wurden.

1913 vollzog Rudolf Steiner die Trennung von der Theosophischen Gesellschaft und die Gründung der Anthroposophischen Gesellschaft.

In enger Zusammenarbeit mit Marie von Sivers, mit der er 1914 eine zweite Ehe schloß, erfolgten zahlreiche Vortragsreisen und die Aufbauarbeit für die Anthroposophie.

Nach einem vergeblichen Versuch in München, erbaute Steiner als Zentrum der anthroposophischen Bewegung eine Hochschule für Geisteswissenschaft in Dornach bei Basel, das sogenannte Goetheanum. Unter seiner Leitung und nach seiner detaillierten Planung entstand dieses Bauwerk während des ersten Weltkrieges als künstlerisch gestalteter Doppelkuppelbau, der von seinem schöpferischen Geist in der Gesamtheit und im Detail geprägt war.

In dieser Zeit konzipierte er auch eine neue Bewegungs- und Ausdruckskunst, die *Eurythmie*, und entwickelte sie in der Folgezeit zusammen mit seiner Frau weiter zur Bühnenkunst. Er lebte abwechselnd in Berlin, Dornach und Stuttgart und sprach auf seinen über ganz Europa ausgedehnten Vortragsreisen zahlreiche Menschen an, die er für die Anthroposophie interessierte.

Nach dem ersten Weltkrieg vertrat er in zahlreichen Vorträgen und in seiner Schrift „Die Kernpunkte der sozialen Frage" die Idee einer *Dreigliederung des sozialen Organismus* (Rechtsleben/Staatsverwaltung, Wirtschaftsleben/Ökonomie sowie Geistesleben/Bildungswesen). Sein Kerngedanke der Entflechtung von Staat, Wirtschaft und Kultur fand damals politisch wenig Anklang.

Nachdem Rudolf Steiner vor Arbeitern der Waldorf-Astoria-Zigarettenfabrik Vorträge über soziale und pädagogische Themen gehalten hatte, wurde spontan beschlossen, seine Pädagogik für die Kinder der Arbeiterschaft umzusetzen. Mit Hilfe des Firmenchefs Emil Molt erfolgte 1919 die Gründung der ersten Waldorfschule in Stuttgart, die Rudolf Steiner selbst bis zu seinem Tode leitete. Gleichzeitig entstand in Stuttgart ein Zentrum zur Ausbildung von Waldorflehrern, in dem Steiner bis 1924 in fünfzehn Vortragszyklen die Grundlagen seiner Menschenkunde und Erziehungskunst lehrte.

In unermüdlicher Vortragsarbeit und in zahlreichen Fachkursen gab er aus den Erkenntnissen der Anthroposophie abgeleitete Anregungen für ein Umdenken und eine Erneuerung auf zahlreichen Gebieten wie beispielsweise Pädagogik, Medizin, Naturwissenschaften, Ökonomie, Landwirtschaft, Theologie und Kunst. Seine Vorträge füllten Säle, und seine Ideen fanden sowohl begeisterte Zustimmung als auch immer wieder Ablehnung und Anfeindung, da viele seiner Vorstellungen nicht in die politische Landschaft paßten.

In der Silvesternacht 1922/23 wurde der Bau des Goetheanums, an dem siebzehn Nationen mitgewirkt hatten, durch Brand zerstört; doch die Arbeit wurde in den verschont gebliebenen Nebengebäuden weiter fortgesetzt. Für einen Goetheanum-Neubau, der 1928 fertiggestellt wurde, konnte Rudolf Steiner wegen seiner Erkrankung nur noch ein Außenmodell schaffen.

1923 hatte Rudolf Steiner die Anthroposophische Gesellschaft neu gestaltet und selbst den Vorsitz übernommen. Weiterhin wurde die Hochschule am Goetheanum von ihm in verschiedene Sektionen gegliedert und Dornach zum Mittelpunkt seiner Bewegung gemacht.

Auch während seines Krankenlagers, das im Herbst 1924 begann, empfing er Besucher, arbeitete an seiner Autobiographie „Mein Lebensgang" und schrieb anthroposophische „Leitsätze". Er starb am 30. März 1925 in Dornach.

Zweifellos zählt Rudolf Steiner zu den genialen, schöpferischen und universell wirkenden Persönlichkeiten dieses Jahrhunderts und gehört zu den großen Menschheitslehrern der Neuzeit.

Sein geistiger Impuls wirkt auf vielen Gebieten fort und hat zahlreiche lebenskräftige Nachfolgebewegungen hervorgebracht, die sein Gedankengut für die Anwendung in der heutigen Zeit weitertragen und fortentwickeln (zum Beispiel die Rudolf-Steiner-Schulen, die Christengemeinschaft, anthroposophische Medizin, Heilpädagogik und biologisch-dynamische Landwirtschaft).

Die Waldorf-Pädagogik basiert auch heute noch auf den geisteswissenschaftlichen Erkenntnissen und den praktischen Vorgehensweisen ihres Begründers und gelangt in den weit verbreiteten Waldorf- beziehungsweise Rudolf-Steiner-Schulen zu einer umfassenden Anwendung und Weiterentwicklung.

Grundsätze

Es ist schwierig, die Waldorf-Pädagogik auf einige wenige wesentliche Grundsätze zurückzuführen und anschaulich darzustellen, doch ich möchte den Versuch wagen, um suchenden Eltern den Einstieg in diese Pädagogik zu erleichtern.

Nach meinem Verständnis basiert die Waldorf-Pädagogik auf folgenden drei Grundpfeilern, die hier zunächst dargestellt und anschließend erläutert werden:

**Achtung
vor
der Individualität
des
Kindes**

**Lehrpläne, die in
ihrer Grundstruktur
auf Rudolf Steiner
zurückgehen
und ganzheitliches
Lernen fördern**

**Menschenkundliche
Erkenntnisse als
geistiger Bezug
der pädagogischen Arbeit
im Schulalltag**

Achtung vor der Individualität des Kindes

Die Waldorf-Pädagogik nimmt die Individualität jedes einzelnen Kindes als Vorgabe an, respektiert sie voll und sieht die Förderung der freiheitlichen Entwicklung dieser Individualität als ein sehr wichtiges Ziel. Der Auftrag des Waldorf-Lehrers besteht unter anderem darin, das angelegte Potential richtig einzuschätzen und gleichsam als Entwicklungshelfer tätig zu werden, um den heranwachsenden Menschen bei der Entfaltung seiner Persönlichkeit zu unterstützen.

Es ist bemerkenswert, daß die große Achtung vor der Individualität des Kindes ein fundamentaler Grundsatz sowohl bei Krishnamurti, der Montessori-Pädagogik als auch der Waldorf-Pädagogik ist und hierin eine ganz wesentliche Gemeinsamkeit der drei sonst unterschiedlichen Pädagogik-Ansätze besteht.

**Menschenkundliche Erkenntnisse als geistiger Bezug
der pädagogischen Arbeit im Schulalltag**

Die pädagogische Arbeit im Schulalltag stützt sich auf menschenkundliche Erkenntnisse von Rudolf Steiner. Die Vorgehensweise und die konkreten Handlungen des Waldorf-Lehrers im Schulalltag werden davon beeinflußt. Der Lehrer, der diese Erkenntnisse verinnerlicht hat, bringt sie gleichsam wie von selbst, aus sich heraus, situationsbezogen zur Anwendung. Die sehr wichtige persönliche Beziehung zwischen Schüler und Lehrer bleibt somit im Vordergrund und findet gleichzeitig im Hintergrund einen geistigen Bezug zu menschenkundlichen Erkenntnissen und Leitgedanken, die aus einer tiefen Einsicht stammen.

**Lehrpläne, die in ihrer Grundstruktur auf Rudolf Steiner
zurückgehen und ganzheitliches Lernen fördern**

Der Lehrplan, für dessen Umsetzung dem Waldorf-Lehrer erheblicher Gestaltungsspielraum eingeräumt wird, geht in seiner Struktur und in Grundelementen auf Rudolf Steiner zurück und ist so angelegt, daß ganzheitliches Lernen und Denken gefördert werden. Rudolf Steiner hat aus menschenkundlichen Erkenntnissen abgeleitet, wann für das Erlernen von Fertigkeiten und für die Behandlung einer Thematik das geeignete Alter und die günstigste Zeit ist und hat danach den Lehrplan gestaltet.

Obwohl der Lehrplan fortentwickelt wurde beziehungsweise wird und natürlich auch die gesellschaftliche Entwicklung darin Berücksichtigung findet, ist das auf Steiner zurückgehende Grundkonzept auch heute noch vorhanden und somit besteht im Prinzip der gleiche Lehrplan in allen Waldorfschulen.

Über die gesamte Schulzeit gesehen sind die Lerninhalte vergleichbar mit anderen Schulen; sie werden jedoch auf andere Art vermittelt und manchmal auch zu anderer Zeit oder in anderen Jahrgangsstufen gelernt.

Die nachfolgenden Leitgedanken stehen mit den dargestellten Grundpfeilern in engem Zusammenhang oder leiten sich daraus ab:

Der Klassenlehrer ist eine ganz wichtige Bezugsperson und begleitet die Schüler bis zum Ende der achten Klasse.
Der Klassenlehrer durchlebt zusammen mit seiner Klasse einen langen Erziehungs- und Unterrichtsprozeß, wobei er nicht nur für den Unterricht, sondern auch für alle Probleme des einzelnen Kindes und der ganzen Klasse zuständig ist. In diesen acht Jahren ist sein täglicher Hauptunterricht das durchgängig-beständige Element des Schulbetriebes. Klassenlehrer und Schüler lernen einander sehr genau kennen, bauen wirkliches Vertrauen auf und wachsen zu einer echten Schicksalsgemeinschaft zusammen.

Der Klassenlehrer, an dessen fachliche und menschliche Qualitäten sehr hohe Ansprüche zu stellen sind, wirkt sehr durch sein Vorbild; er ist eine Leitfigur für die heranwachsenden jungen Menschen und wird bei idealem Verlauf durch seine tägliche Arbeit mit den Schülern ganz von selbst zur geliebten Autorität.

Das Klassenlehrerprinzip trägt in der Regel sehr dazu bei, daß sich die Kinder geborgen fühlen und zu ihrer Klasse sowie zur gesamten Schule ein tiefes Verbundenheitsgefühl entwickeln.

In Ausnahmefällen kann es vorkommen, daß Schüler mit dem Klassenlehrer nicht zurechtkommen. Dann allerdings wandelt sich der Vorteil der langdauernden Begleitung zu einem schwerwiegenden Nachteil ohne Aussicht auf baldige Veränderung.

Die Erziehung berücksichtigt mitgebrachte Anlagen und Wesenszüge des Kindes

Obwohl der Lehrplan vorgegeben ist, besteht genügend Gestaltungsfreiraum, um die Schüler entsprechend den mitgebrachten Anlagen und Wesenszügen individuell zu fördern und einzusetzen.

Dies kann beispielsweise durch geeignete Auswahl der übertragenen Aufgaben und Themen oder durch Zuweisung von besonderen Rollen geschehen.

Für die Einleitung einer Förderung ist es jedoch wichtig, daß die Lehrer die mitgebrachten Anlagen und Wesenszüge erkennen und intuitiv voraussehen, wie die weitere Entwicklung verlaufen könnte.

Die Temperamente der Schüler und die 7-Jahreszyklen der menschlichen Entwicklung werden im Schulbetrieb beachtet

Aus menschenkundlichen Einsichten hat Rudolf Steiner der Lehre von den Temperamenten und den 7-Jahreszyklen der menschlichen Entwicklung erhebliche Bedeutung beigemessen und somit ist die Beachtung dieser Gegebenheiten in der Waldorf-Pädagogik deutlich wiederzufinden.

Die Lehrer sind bemüht, die Temperamente ihrer Schüler kennenzulernen und sowohl im persönlichen Umgang als auch im Unterricht darauf Rücksicht zu nehmen. So erfolgen beispielsweise Sitzordnung, Themenzuweisung, Rollenverteilung und auch der sprachliche Umgang unter Beachtung der Temperamente. Dabei kommt der homöopathische Grundsatz, daß Gleiches mit Gleichem behandelt wird, zur Anwendung.

Die 7-Jahreszyklen der menschlichen Entwicklung finden schon im Lehrplan der Waldorfschulen eine deutliche Berücksichtigung und werden auch im alltäglichen Schulbetrieb und im persönlichen Umgang ganz selbstverständlich beachtet.

Sinneserfahrung und Schulung der Sinne werden hoch geschätzt und im Unterricht erlebt

Das Bestreben, das Kind in allen Sinnen anzusprechen, durchzieht alle Bereiche des Unterrichts in sämtlichen Jahrgangsstufen. Rudolf Steiner unterscheidet sogar insgesamt zwölf Sinne, wobei sich je vier in drei Gruppen zusammenfassen und zuordnen lassen:

- Ichsinn, Gedankensinn, Wortesinn und Gehörsinn - dem Denken zugeordnet,
- Wärmesinn, Sehsinn, Geschmackssinn und Geruchssinn - dem Fühlen zugehörig,
- Gleichgewichtssinn, Bewegungssinn, Lebenssinn und Tastsinn - dem Wollen zugeordnet.

Es ist wichtig, daß die Sinne möglichst auf natürliche Art und Weise angesprochen werden, wie dies beispielsweise in einer ursprünglichen Umgebung oder in der Natur geschieht. Althergebrachte Tätigkeiten der Menschheit (zum Beispiel Essenszubereitung, Gartenarbeit oder handwerkliche Tätigkeiten) eignen sich besonders, um Sinneserfahrung zu vermitteln. Hingegen sind die modernen Medien wie Fernsehen und Computer im frühen Kindesalter der Sinnesschulung abträglich, da sie eine Schein-Sinnenwelt vermitteln und zusätzlich eine Reizüberflutung bewirken.

In den höheren Klassen tragen anschaulich gestaltete Experimente der Physik und Chemie sowie Musik, Kunst und Theaterspiel sehr zu einer anspruchsvollen Schulung der Sinne bei.

Ganzheitliches Lernen und Denken wird durch geeignete Unterrichtsgestaltung sehr gefördert

Anhand von einigen Beispielen wird ersichtlich, wie das Ziel des ganzheitlichen Lernens und Denkens auf verschiedenartige Weise angesteuert wird:

Wo immer möglich, werden Theorie und Praxis im Unterricht vereint. So wird Pflanzenkunde bewußt in den Frühling verlegt, um den Vortrag mit einem Ausflug in die Natur oder in den Schulgarten zu verbinden. Geometrie wird nicht nur anschaulich, sondern echt praktisch erfahren, wenn sie in der Feldvermessung zur Anwendung kommt. Fremdsprachenlernen wird durch Liedersingen oder Darstellung von Szenen lebendig gemacht. Handwerkliches Tun wird durch vorausgehendes Planen und Entwerfen theoretisch durchdrungen und unterstützt.

In den höheren Klassen werden Gesetzmäßigkeiten und Faktenwissen in naturwissenschaftlichen Fächern in Verbindung gebracht mit geistigen Prinzipien wie beispielsweise Ordnung und Weisheit in der Schöpfung oder Ehrfurcht vor dem Lebendigen, wodurch auch hier einem in-

neren Erleben und einer wahrhaftigen Menschenbildung der Weg bereitet wird.

**Der Erzieher arbeitet laufend an sich selbst, um den an ihn gestell-
ten hohen Ansprüchen gerecht zu werden**
Die hohen Anforderungen kann ein Waldorf-Lehrer nur erfüllen, wenn
er seinen Beruf als Berufung sieht und gewillt ist, laufend selbst weiter-
zulernen und an sich zu arbeiten. Dazu gehört neben einer pädagogischen und fachlichen Fortbildung beispielsweise auch, daß er den
Schulbetrieb des Tages nochmals an seinem geistigen Auge vorbeiziehen
läßt, über einzelne Schüler beziehungsweise Geschehnisse reflektiert und,
wenn nötig, den Rat des Lehrerkollegiums einholt.

Sein ideeller Lohn besteht in der Freude an dieser herausfordernden,
schönen Aufgabe und in dem Erhalt der eigenen geistigen Aufgeschlossenheit und Beweglichkeit. Wenn es dem Lehrer gelingt, die Schüler
durch sein menschliches Vorbild, seine pädagogische Vorgehensweise,
seine fachlichen Qualitäten sowie durch interessant gestalteten Unterricht zur Mitarbeit und zum gemeinsamen Lernen zu motivieren, hat er
die an ihn gestellten hohen Anforderungen gut erfüllt.

Wichtig ist auch, daß ein Waldorf-Lehrer stets aufgeschlossen bleibt
für die in der Gesellschaft und in der Jugend ablaufenden Entwicklungen und Veränderungen, damit ein Brückenschlag zwischen seinem anthroposophischen Hintergrundwissen und den realen Gegebenheiten in
der heutigen Gesellschaft stattfinden kann.

Umsetzung in einer 12-stufigen Waldorfschule

Die Waldorfschulen sind im allgemeinen staatlich genehmigte Privatschulen unter der Trägerschaft eines Fördervereins, die von der Landes-
regierung finanzielle Zuschüsse erhalten. Sie führen als Gesamtschule
bis zur zwölften Klasse und bieten in einer dreizehnten Klasse entweder
Abitur-Vorbereitung oder Mittlere-Reife-Vorbereitung an.

Die Umsetzung der Waldorf-Pädagogik im praktischen Schulbetrieb
ist zwar von Schule zu Schule unterschiedlich, doch im Vergleich zu den
Montessori-Schulen ist die Variationsbreite eher klein, da wesentliche

Unterrichtselemente auch heute noch auf die Vorstellungen von Rudolf Steiner zurückgehen und damit in allen Waldorfschulen anzutreffen sind. An der Schule meines Sohnes besteht neben dem Lehrerkollegium der Schulkonzeptkreis, in dem Eltern und Lehrer gemeinsam das pädagogische Konzept im Sinne eines Gesamt-Schulprofils erarbeiten, beraten und beschließen.

Auf diese Weise wird die Weiterentwicklung des Schulkonzeptes durchgeführt und zugleich die Einflußnahme der Eltern verwirklicht.

Die folgenden Ausführungen sollen eher beispielhaft einen Eindruck von der praktischen Umsetzung geben, ohne den Anspruch auf Vollständigkeit zu erheben.

Erscheinungsbild des Schulbaues und der Schulräume

Schon die Architektur des Schulgebäudes unterscheidet sich meist von dem gewohnten Bild der Zweckbauten für Regelschulen. Bei näherer Betrachtung fühlt man sich wohltuend angesprochen und ahnt vielleicht, daß hier eine menschengerechte Geisteshaltung waltet. Interessanterweise zeigen auch neuere Forschungen, wie groß der Einfluß von guter Tageslichtbeleuchtung und gelungener Raumgestaltung auf Motivation und Leistungsfähigkeit der Menschen ist.

Die Klassenzimmer sind der Jahrgangsstufe entsprechend liebevoll ausgestaltet und mit Lehr- und Anschauungsmaterial aus der jeweiligen Lernepoche versehen. Diese individuelle Gestaltung trägt zusammen mit einer abgestimmten Farbgebung der Räume zum Wohlfühlen der Schüler und damit zu einem angenehmen Schulklima bei. Die Klassenräume sind ein echter Lebensraum der Klassengemeinschaft und werden auch von Schülern und Eltern gemeinsam gepflegt.

Weiterhin gibt es Räume für handwerkliche Arbeiten, Physik- und Chemie-Unterricht, besondere Räume für die Eurythmie sowie einen Theatersaal mit Bühne für Monatsfeiern, Aufführungen und Musikdarbietungen.

Insgesamt gesehen vermittelt das Erscheinungsbild der Schule viele positive Sinneseindrücke und schafft damit gute Voraussetzungen für eine gedeihliche Entwicklung von Lebensgefühl und Werteempfinden.

Schulbetrieb

Ein Lehrer begrüßt am Morgen jeden einzelnen Schüler, wenn er die Schule betritt. Der Klassenlehrer empfängt seine Schüler in der jeweiligen Klasse, gibt ihnen die Hand und wechselt einige freundliche Worte. Dann folgt eine Phase der Einstimmung, in der Sprüche beziehungsweise passende Verse rezitiert werden sowie geflötet oder gesungen wird. Auch daran ist erkennbar, daß die Waldorfschule großen Wert auf gute Atmosphäre und ein persönliches Verhältnis zwischen Schülern und Lehrern legt, denn nur so kann ein gedeihliches Miteinander und ein Engagement für die Schule insgesamt entstehen.

Ein Blick auf den Stundenplan läßt eine sinnvolle Einteilung und einen deutlichen Tagesrhythmus erkennen. Jeder Schultag beginnt mit dem Hauptunterricht, wobei zuerst jene Fächer an die Reihe kommen, bei denen Auffassen, Durchdenken und Vorstellen besonders notwendig sind, da die gedankliche Beschäftigung morgens den Schülern noch leichter fällt. Danach folgen Fächer, bei denen Wiederholung und Übung im Vordergrund stehen, wie beispielsweise Sprachunterricht, Eurythmie, Musik und Religion. Fächer, die Kinder körperlich beanspruchen oder zu praktischer und künstlerischer Tätigkeit führen, werden am späten Vormittag oder nachmittags unterrichtet. Es wird dadurch eine Strukturierung des Schultages erreicht, die dem natürlichen Tagesrhythmus und den biologischen und seelischen Bedürfnissen der Schüler entgegenkommt.

Ein weiteres wesentliches Element des Schulbetriebes ist der Epochenunterricht. Beispielsweise werden Schreiben, Rechnen, Erdkunde, Physik, Chemie, aber auch Sprachen und handwerkliche sowie künstlerische Fächer, in Epochen von etwa vier Wochen Dauer unterrichtet. In diesem Zeitraum bleibt der jeweilige Unterrichtsgegenstand gleich, und die Schüler können sich darauf konzentrieren, intensiv damit umgehen und auch tief einsteigen. In den Epochen wird ein Thema oder ein Gebiet so weit behandelt und vorangebracht, daß bei den Schülern das Gefühl entsteht, etwas erreicht zu haben. In manchen Fächern, wie beispielsweise Mathematik oder Fremdsprachen, gibt es mehrere Epochen pro Schuljahr, wobei die Wiederbegegnung mit Lerninhalten zur Wiedererinnerung und zur allmählichen Umwandlung von Kenntnissen in Fähigkeiten führt.

Weiterhin eröffnet der Epochenunterricht die Möglichkeit, fachübergreifend zu unterrichten, wie es zum Beispiel in Astronomie, Feldvermessung, Gesteinskunde und Ernährungslehre geschieht. Auch neue Themen können hiermit leicht eingeführt und in den Unterricht integriert werden.

An den Lehrer stellt ein guter Epochenunterricht hohe Anforderungen hinsichtlich Stoffplanung und Unterrichtsgestaltung. Für den Schüler bedeutet eine durch längere Krankheit versäumte Epoche eine Lükke, die nur schwer geschlossen werden kann.

Der Epochenunterricht hat insbesondere folgende zwei positive Wirkungen: Er begünstigt die Übernahme der Lerninhalte in das Langzeitgedächtnis und fördert das Erwachen und Erkennen der eigenen Neigungen/Begabungen, da sich der Schüler eng mit einem Thema über längere Zeit verbindet und dadurch angelegte Fähigkeiten gleichsam nach dem Resonanzprinzip angeregt werden. Insgesamt gesehen bringt der Epochenunterricht Effizienz und Motivation in den Schulbetrieb und begünstigt das ganzheitliche Lernen.

Der Unterricht in Waldorfschulen ist auch durch eine ganze Reihe von Besonderheiten geprägt, die eine positive Wirkung auf den gesamten Schulbetrieb ausüben. Dazu gehören insbesondere:

- *Die Wertschätzung des lebendigen Vortrages,* der stets Vorrang vor der Verwendung von Schulbüchern hat.
- *Die Bedeutung des Tafelbildes,* das eindrucksvoll farbig ausgestaltet den jeweiligen Unterricht begleitet.
- *Das künstlerische Tun,* welches als verbindendes Element den Unterricht begleitet. Es reicht von künstlerisch gestalteten Hefteintragungen über altersgemäß eingeführte Mal- und Zeichentechniken bis hin zum künstlerischen Gestalten mit verschiedenen Materialien und bewegten Formendarstellungen in der Eurythmie.
- *Die eigene Arbeit als Zugang und Bezug zur Praxis.* Sie findet sowohl im Handarbeits- und Werkunterricht als auch im Epochenunterricht (beispielsweise Gartenbau und Feldvermessung) statt. Eine Fortsetzung folgt in den Handwerks-, Industrie- und Sozialpraktika der höheren Jahrgangsstufen. Zugleich wird damit

dem eigenen unmittelbaren Erleben mit allen Sinnen Rechnung getragen.

- *Der Unterricht in zwei Fremdsprachen ab der ersten Klasse* (zum Beispiel Englisch und Französisch). In den unteren Klassen wird die fremde Sprache vor allem über Nachahmung vermittelt (Lieder, Verse und kurze Texte werden gehört, gesungen, gelesen und gespielt).
- *Die Ausrichtung der Monatsfeiern.* Diese Veranstaltungen geben jeder Klasse Gelegenheit, eine „Kostprobe" ihres Unterrichts (Lieder, Gedichte, Spielszenen) den Eltern und den anderen Klassen zu präsentieren und damit einen Beitrag zum Schulgemeinschaftsleben zu leisten.
- *Das Acht und Zwölft-Klassespiel.* Es handelt sich dabei um öffentliche Aufführungen, die zugleich eine herausragende Möglichkeit sind, die erreichte Gemeinschaftsleistung sowohl dem inneren Kreis der Schule als auch einem außenstehenden Publikum darzubieten.
- *Die Jahresarbeiten der achten und zwölften Klasse,* die als Beispiele für selbständige, kreative und zielorientierte Arbeit gedacht sind und gleichzeitig Interessensgebiete und Begabungen erkennen lassen. Die Schüler wählen die Themen selbst aus und stellen die fertigen Arbeiten einem interessierten Publikum im Rahmen einer Ausstellung vor.

Erziehungsinhalte

Der Bildungsauftrag und die Lerninhalte des amtlichen Lehrplanes werden, über die ganze Schulzeit gesehen, erfüllt und mit den dafür vorgesehenen Abschlüssen nachgewiesen. Darüber hinaus gibt es noch folgende Erziehungsinhalte und Erziehungsziele, die im Rahmen der Waldorf-Pädagogik in besonderer Weise gepflegt werden:

Eurythmie

Eurythmie ist eine von Rudolf Steiner begründete Bewegungs- und Ausdruckskunst, welche die Kinder durch die gesamte Schulzeit begleitet.

Über Eurythmie und ihren Wert ist viel Positives von kompetenter Seite geschrieben worden. Mir selbst leuchtet ein, daß Eurythmie für den einzelnen eine Harmonisierung von Körper, Seele und Geist bewirkt und in einer Gruppe eine aufbauende und sozial ausgleichende Funktion erfüllt. An meinem Sohn konnte ich beobachten, daß er gerne in den Eurythmie-Unterricht ging und sich danach gestärkt und angeregt fühlte. Heranwachsenden jungen Menschen verhilft die Eurythmie zu einem natürlichen und selbstsicheren Auftreten in der Gemeinschaft und in der Öffentlichkeit. Vielleicht wird man zukünftig auch in anderen Schulsystemen auf Eurythmie, als Quelle von Harmonie und geistiger Kraft, unvoreingenommen zurückgreifen, zumal neuere Forschungen einen Zusammenhang zwischen Körperbewegung und geistiger Beweglichkeit erkennen lassen.

Künstlerischer Unterricht

Über die Gesamtdauer der Waldorfschule wird in alle gebräuchliche Mal- und Zeichentechniken eingeführt, wobei mit zunehmendem Alter der selbständig-schöpferische Anteil zunimmt und in Richtung freies künstlerisches Schaffen geht. Die Schüler arbeiten und gestalten mit den unterschiedlichsten Materialien wie Wolle, Wachs, Stoff, Holz, Stein, verschiedenartigen Metallen und Ton. Die Aufgabe des Lehrers besteht vor allem darin, in den handwerklichen Umgang einzuführen und den Schülern bei der Verwirklichung ihrer eigenen Ideen zu helfen.

Musikerziehung

Musiziert und gesungen wird sowohl im Hauptunterricht als auch in den Fremdsprachen. Ab der fünften Klasse gibt es einen eigenständigen Musikunterricht und die wahlweise Mitwirkung im Schülerorchester oder im Schülerchor, womit auch Auftritte bei Monatsfeiern und Schulfesten verbunden sind. Je nach Begabung besteht in Abstimmung zwischen Eltern und Musiklehrern die Möglichkeit zu einer noch weitergehenden Förderung einzelner Schüler.

Religionsunterricht

Religion ist ein Unterrichtsfach in der Waldorfschule, und es ist wichtig, daß die Kinder an irgendeinem Religionsunterricht teilnehmen, schon auch deshalb, um in späteren Jahren eine Grundlage für die eigene freie Entscheidung bereit zu haben. Angeboten werden beispielsweise:

- Katholischer Religionsunterricht
- Evangelischer Religionsunterricht
- Freier christlicher Religionsunterricht
- Religionsunterricht der Christengemeinschaft

Der konfessionell gebundene Religionsunterricht wird von Religionslehrern der jeweiligen Kirchen eigenständig wahrgenommen; der freie christliche Religionsunterricht wird von Lehrern der Waldorfschule auf christlicher Grundlage ohne jede konfessionelle Bindung erteilt. Für die Schüler des freien christlichen Religionsunterrichtes und deren Eltern werden zusätzlich religiöse Handlungen - zum Beispiel Sonntagshandlungen - angeboten.

An dieser Stelle soll auch deutlich gesagt werden, daß weder im freien christlichen Religionsunterricht noch in irgendeinem anderen Unterrichtsfach eine Beeinflussung in Richtung Anthroposophie erfolgt, denn das wäre ganz und gar unvereinbar mit der freiheitlichen Entwicklung der Individualität, einem wesentlichen Ziel der Waldorf-Pädagogik.

Intensiver Bezug zur handwerklichen Praxis

Das eigene Tun besitzt einen hohen Stellenwert im gesamten Schulbetrieb und wird, wo immer möglich, sehr gefördert. Zusätzlich wird ein starker Bezug zur Berufspraxis hergestellt und in unterschiedlichen Praktika vertieft. An der Schule meines Sohnes gibt es in der neunten und zehnten Klasse das Projekt „Handwerkerhof". Dabei wird an einem Wochentag im gemeinsamen Arbeiten von Schülern und Handwerksmeistern die Praxis handwerklicher Arbeit in verschiedenen Disziplinen unmittelbar erlebt, so daß die Schüler daraus wertvolle Erfahrung für sich selbst und ihre spätere Berufswahl sammeln können.

Erziehung zur Entfaltung der mitgebrachten Anlagen und des eigenen Lebensplanes

Geht man davon aus, daß die Individualität des Menschen, welche bei der Geburt ins physische Dasein tritt, bestimmte Anlagen, Entschlüsse und Aufgaben mitbringt, so möchte die Waldorf-Pädagogik dazu beitragen, daß dieses mitgebrachte Potential „gedeihlich" entwickelt und möglichst „unverbogen" entfaltet werden kann. Dem einzelnen Jugendlichen soll durch erworbenes Wissen und Können zu Urteils- und Handlungskompetenz verholfen werden, damit er sein eigenes Schicksal aus den in ihm liegenden Anlagen und Intentionen gestalten kann und er befähigt wird, seinen individuellen Lebensplan zu verwirklichen. Für die Allgemeinheit kann so erreicht werden, daß mit der heranwachsenden Generation frische Kräfte und Ideen ins Leben treten und die Gesellschaft durch neuartige Impulse evolutionär verändert wird.

Aufgabe und Verantwortung der Lehrer

Der Waldorflehrer, insbesondere der Klassenlehrer, ist das zentrale Element des Schulbetriebes, denn von ihm hängt letztlich die konkrete Umsetzung der Waldorfpädagogik im Schulalltag ab. Seine Persönlichkeit und sein Charakter, sein geistiger Hintergrund und sein Einfühlungsvermögen, seine Kreativität und seine Willensstärke prägen die Klasse. Zu seinen vielfältigen Aufgaben gehört:

- Eine gute Atmosphäre und ein persönliches Verhältnis zu den Schülern herzustellen, für alle Wünsche und Probleme da zu sein und durch menschliche und fachliche Kompetenz zur natürlichen Autorität zu werden.
- Menschenbildend tätig zu sein und in dieser Hinsicht durch Vorbild, Handlungsweise und Unterrichtsinhalte zu wirken.
- Kulturtechniken und Wissen zu vermitteln, so daß zur gegebenen Zeit die staatlichen Abschlüsse bewältigt werden können.
- Im Rahmen der Erziehung die mitgebrachten Anlagen des Kindes zur Entfaltung zu bringen und den Schüler bis zum Ende der Schulzeit zu einem selbständigen und selbstbestimmten Leben zu führen.

- Den Schüler richtig einzuschätzen und mit verbaler Beurteilung seiner Arbeiten und der gesamten Schülerpersönlichkeit stets aufbauend, richtungsweisend und motivierend zu wirken.
- Sich besonders um jene Kinder zu bemühen, die auf einzelnen Gebieten verstärkt Hilfe und Zuwendung benötigen.
- Mit den Eltern vertrauensvoll über ihr Kind zu sprechen und, wenn nötig, Hinweise und Ratschläge für eine weitergehende Förderung zu erteilen.

Gerade durch das Klassenlehrer-Prinzip und die erzieherische Begleitung bis zum Ende der achten Klasse liegt eine sehr verantwortungsvolle Aufgabe bei der Person des Klassenlehrers. Nur eine wirklich reife und weise Lehrerpersönlichkeit, die sich innerlich dazu berufen fühlt, kann eine derartig weitgehende Verantwortung über einen so langen Zeitraum auf sich nehmen.

Praktische Beispiele

Die folgenden Beispiele stammen sowohl aus selbsterlebten Situationen als auch von verarbeiteten Eindrücken aus dem Schulleben. Sie sollen das Bild der Waldorf-Pädagogik und ihrer praktischen Umsetzung in einer zeitgemäßen zwölfstufigen Waldorfschule abrunden und ergänzen.

Einführung und Betreuung neuer Schüler

Unser Sohn konnte erst in der 5. Klasse in die Waldorfschule aufgenommen werden, da vorher kein Platz frei war. Zur Vorbereitung seines Eintritts besuchte ihn seine zukünftige Klassenlehrerin zu Hause, um im Spiel mit ihm einen ersten menschlichen Kontakt zu knüpfen. Dieser Besuch ließ die mit einem Schulwechsel immer verbundene Ungewißheit schwinden, so daß sich unser Sohn auf den Beginn der neuen Schule freute. Das anschließende Einleben in die neue Klasse wurde für alle neu aufgenommenen Kinder sehr einfühlsam, individuell und gekonnt von der Klassenlehrerin gelenkt, so daß die Umgewöhnung sehr erleichtert wurde.

Da unser Sohn bisher keinen Fremdsprachen-Unterricht hatte, nahmen wir frühzeitig Kontakt mit seinen zukünftigen Sprachlehrern auf, die uns gerne Hefte und Lesestoff der 4. Klasse sowie wertvolle Hinweise gaben, wie wir ihn auf den Fremdsprachen-Unterricht vorbereiten sollten. Die Französisch-Lehrerin besuchte ihn in den Ferien zu Hause und besprach eine Tonbandkasette mit Zahlen und einfachen Texten, damit unser Sohn sich auf ihre Stimme einhören konnte.

Ganzheitlicher Unterricht und ganzheitliches Lernen

Ganzheitlicher Unterricht beziehungsweise ganzheitliches Lernen wird in vielfältiger Weise gepflegt; die folgenden Beispiele zeigen einen kleinen Ausschnitt:

In der 5. Klasse fand im Frühling die Pflanzenkunde-Epoche im Hauptunterricht statt, in der Grundwissen über den Aufbau und das Leben der Pflanzen vermittelt und mit Exkursionen in die Natur lebendig gemacht wurde. Als Hausaufgabe zu diesem Thema war verlangt, eine bekannte Wiesenblume, nämlich den Hahnenfuß, in der Natur zu suchen und sodann möglichst genau in Aussehen und Farbe mit Buntstift in das Heft zu malen. Es kam also nicht darauf an, in der verfügbaren Zeit möglichst viele verschiedene Pflanzen oder Pflanzenarten kennenzulernen, sondern eher beispielhaft einige herauszugreifen und diese mit allen Sinnen zu studieren und selbst Pflanzen zu suchen, um sie im Heft darzustellen.

Auch in der Ägyptischen Epoche und in der Griechischen Epoche wurde im Unterricht nicht nur über diese Kulturen vorgetragen, sondern das eigene aktive Nachempfinden, zum Beispiel durch Formen eines Lehmmodells der Pyramiden oder durch farbiges Zeichnen der Kleidung der Griechen, gefördert. Beide Epochen wurden mit einem Museumsbesuch der Klasse abgeschlossen, wobei die Schüler Aufgaben im Museum zu erledigen hatten, wie beispielsweise die Skulptur eines Pharao zu skizzieren, ausgestellte Schmuckstücke abzuzeichnen oder die im Unterricht behandelten griechischen Götter und Helden im Museum wiederzuentdecken und mit ihren wesentlichen Merkmalen darzustellen.

Sogar in den Fremdsprachen Englisch und Französisch gibt es ganzheitliche Ansätze. So wurden beispielsweise Kurzgeschichten aus dem jeweiligen Fremdsprachenunterricht als Theaterszenen im Rahmen einer Monatsfeier vor einem Publikum aus Eltern und Freunden der Schule präsentiert. Schon durch die Inszenierung und die Proben vor der Vorstellung haben sich die Schüler die fremdsprachigen Dialoge besser eingeprägt als durch gleichlange Übungsstunden.

Handwerkerhof

Seit etwa acht Jahren bieten die Rudolf-Steiner-Schule und der Handwerkerhof in Gröbenzell bei München den Jugendlichen der 9. und der 10. Klasse einen wirklichkeitsnahen Einblick in die Arbeitswelt. Die Schüler arbeiten an einem Tag pro Woche in einem Schmiede-, Karosseriebau-, Maler-, Elektronik-, Schriftsetzer-, Töpfer- und Grafiker-Handwerksbetrieb an realen Aufträgen mit und erhalten so einen unmittelbaren Eindruck, wie das Arbeitsleben in Handwerksbetrieben heute aussieht. Die jeweiligen Handwerksmeister sind bemüht, die Jugendlichen selbst tätig werden zu lassen und Lernsituationen zu schaffen, wo sie auch Fehler machen und diese mit allen Konsequenzen erleben dürfen.

Für mich ist dieses Gröbenzeller Modellprojekt ein gutes Beispiel, wie einerseits das Lernen in das Leben hinausführt und andererseits die Lebenswelt der handwerklichen Arbeit in die Schule Eingang findet. Die Mitarbeit an tatsächlich vorliegenden Aufträgen in Handwerksbetrieben ist für die Schüler erlebnisreicher und tiefergehender als die Ableistung von Standardarbeiten in einer Lehrwerkstätte.

Jahresarbeit der 12. Klasse

Die Jahresarbeit der 12. Klasse ist gleichsam das Meisterstück der Schüler nach zwölf Jahren Waldorf-Pädagogik. Es handelt sich um eine selbst ausgewählte und selbständig zu erledigende Aufgabe, die von der Idee über die Verwirklichung bis hin zur Dokumentation und öffentlichen Präsentation von den Schülern konsequent erarbeitet wird. Dabei werden sowohl die kreativen und organisatorischen Fähigkeiten als auch erworbenes Wissen und Fertigkeiten voll entfaltet, sowie ein ausdauerndes, bis ins Detail gehendes Arbeitsverhalten praktiziert. Zum Abschluß ist noch eine ansprechende Form der Dokumentation zu erstellen und eine gute Präsentation der Arbeit vorzubereiten.

Da die Jahresarbeiten ein Abbild der Interessenslage der jungen Menschen darstellen, sind sie sehr breit gefächert und berühren viele Disziplinen, wie die nachfolgende Auswahl aus den Titeln der Jahresarbeiten 1996 zeigt:

- *Bau eines Billardtisches* (Geschichte des Billard)
- *Die Tätowierung* (Geschichte und Ausführung von Tätowierungen)
- *Biophotonen* (Das Licht in unseren Zellen)
- *Lackierung eines Autos*
- *Das Bild der Frau in den fünf Weltreligionen*
- *Flamenco* (Geschichte und Vorspiel)
- *Autismus* (Symptome und ihre mögliche therapeutische Behandlung)
- *Die Qualität der Nahrung* (Die richtige „Erziehung der Pflanze" für eine bestmögliche Nahrung des ganzen Menschen)
- *Innenarchitektur* (Einrichtung eines Raumes)
- *Alternative Energiequellen*
- *Geschichte der Zensur* (Schwerpunkt: Filmzensur)

Langsam verlaufende Entscheidungsprozesse und schwierige Konfliktlösung

In einer Waldorfschule existiert offiziell kein Direktor und keine Hierarchie. Nach dem Prinzip der Selbstverwaltung sollen jene Menschen, die eine Aufgabe übernehmen, auch aus eigener Verantwortung selbst bestimmen. Für die zu erledigenden Aufgaben gibt es festgelegte Organe, Delegationen und offene Kreise, wobei letztere für alle interessierten Schulmitglieder zugänglich sind. Die Wahrnehmung des Schulganzen sowie die Vertretung der Schule nach außen obliegt dem Vorstand. Die Beteiligung der verschiedenen Gremien mit unterschiedlichen Aufgaben an Entscheidungsprozessen erfordert oftmals einen schwierigen Interessensausgleich und bewirkt lange Entscheidungszeiten. Auftretende

Konfliktsituationen, die bei anderen Schulen durch das Wirken des Direktors eine schnelle Lösung finden, können sich sehr in die Länge ziehen und für alle Beteiligten zu einer großen Belastung werden.

Diese Schwachpunkte sind jedoch intern bekannt und werden als Preis für eine Selbstverwaltung ohne Hierarchie in Kauf genommen. An Verfahrensregelungen zur Lösung von auftretenden Konflikten wird gearbeitet.

Eltern / Lehrer-Verhältnis

Die wesentlichen Gesichtspunkte der Eltern / Lehrer-Zusammenarbeit lassen sich wie folgt zusammenfassen:

- Die Lehrer setzen voraus, daß die Eltern mit den Grundgedanken der Waldorf-Pädagogik vertraut sind, diesen Erziehungsweg unterstützen und auch zu Hause in ähnlicher Weise handeln.
- Der Schüler wird in seiner Individualität akzeptiert und gefördert. Seine Wünsche und Äußerungen zum Schulbetrieb und zur Klassengemeinschaft werden gehört und überdacht. Von ihm wird jedoch erwartet, daß er sich in bestehende Strukturen und in die Klassengemeinschaft kooperativ einfügt.
- Die Eltern haben an den Elternabenden, die etwa alle sechs Wochen stattfinden, Gelegenheit zur Information über den Schulbetrieb und können auch allgemein interessierende Themen und Schwierigkeiten ansprechen.
- Die Entwicklung des Kindes, sein Verhalten im Unterricht sowie Lernfortschritte und Schwierigkeiten werden in Einzelgesprächen mit dem jeweiligen Lehrer besprochen.
- Es wird ein freundschaftliches und kooperatives Verhältnis zwischen Lehrern und Eltern angestrebt, wobei die Entwicklung des Kindes stets im Mittelpunkt steht.

Von besonderer Bedeutung ist die enge Zusammenarbeit zwischen Eltern und dem Klassenlehrer, da er die Hauptbezugsperson in der Schule ist und die Schüler über acht Jahre begleitet. Ein gutes zwischenmenschliches Verhältnis und eine offene Aussprache über alle entstehenden Probleme sind dabei besonders wichtig. Treten dennoch ernste Meinungsverschiedenheiten zwischen Eltern und Klassenlehrer auf, so sind diese meist schwer zu lösen, da es in der Waldorfschule keine hierarchisch übergeordnete Instanz gibt, die in solchen Fällen schlichtend eingreifen könnte.

Diskussion

Zum Auftakt der Diskussion möchte ich meine persönlichen Eindrücke im Zusammenhang mit der Aufnahme unseres Sohnes in die fünfte Klasse Waldorfschule schildern, da an diesem Beispiel eine positive Seite der Waldorf-Pädagogik deutlich wird:

Nachdem die Aufnahmezusage für einen freigewordenen Platz in der fünften Klasse vorlag, wollte die Klassenlehrerin unseren Sohn gerne zu Hause besuchen, um sich im Spiel mit ihm menschlich zu verbinden und so die Grundlage für ein persönliches Schüler/Lehrer-Verhältnis zu bereiten. Ungezwungen und vertraut verlief der Besuch, und unser Sohn erklärte gerne die selbstgebastelten oder improvisierten Spielsachen in seinem Kinderzimmer. Als Eltern hatten wir den Eindruck, daß er sich in seiner Individualität verstanden und akzeptiert fühlte und nach dem Besuch mit mehr Zuversicht dem Schulwechsel entgegensah. Da auch die anschließende Aufnahme in die neue Klasse sehr geschickt und einfühlsam von der Klassenlehrerin gelenkt wurde, waren wir als Eltern sehr froh und fühlten uns allesamt vertrauensvoll in die neue Schulgemeinschaft aufgenommen. Besonders beeindruckend war die Art und Weise, wie die Klassenlehrerin den „Neuankömmling" in die Klassengemeinschaft und in den Unterricht integrierte und dabei auch einzelne Schüler der Klasse zur Mithilfe motivierte.

Nachfolgend soll dargestellt werden, wie die in Kapitel I genannten Anforderungen an ein Schulsystem von Waldorfschulen erfüllt werden:

Für das Wohlfühlen der Kinder sind in mannigfacher Weise sehr gute Voraussetzungen geschaffen. Zu nennen sind insbesondere:

- Ein ansprechendes Schulgebäude und kreativ ausgestaltete Klassenräume, die einen echten Lebensraum für die Klassengemeinschaft entstehen lassen.

- Ein Klassenlehrer, der über acht Jahre die Schüler gleichermaßen als Lehr-, Bezugs- und Vertrauensperson erziehend begleitet und für alle Anliegen des einzelnen und der Klassengemeinschaft zuständig ist.

- Eine Struktur des Schulbetriebes, die deutlich in der Unterrichtsform, im Lehrplan und im Stundenplan erkennbar ist und auf den menschenkundlichen Erkenntnissen von Rudolf Steiner beruht.

- Ein ganzheitliches Lernen, das dem eigenen Tun und der künstlerischen Betätigung viel Raum gibt und gleichzeitig dem Bezug zur Praxis einen hohen Wert beimißt.

Die Förderung der individuellen Entwicklung und die Erweckung von Fähigkeiten sind zwei Hauptziele der Waldorf-Pädagogik. Im Schulbetrieb werden diese beiden Ziele auf vielfältige Weise sowohl auf handwerklich/praktischem Gebiet als auch im intellektuellen Bereich verwirklicht. In der achten und zwölften Klasse wird mit den selbstausgewählten Jahresarbeiten der individuellen Entwicklung und Entfaltung ein besonders weites Feld eröffnet, und nicht selten resultiert daraus ein entscheidender Anstoß für die spätere Berufswahl. Auch die verschiedenen Anlässe zum Präsentieren von eigenen Leistungen (Monatsfeiern, öffentliche Aufführungen, Ausstellungen usw.) stellen einen zusätzlichen Anreiz dar, um individuelle Talente und Fähigkeiten weiter zu entwickeln.

Die Vermittlung von Wissen erfolgt unter ganzheitlichen Gesichtspunkten und wird möglichst durch praktische Arbeit unterstützt. Die Waldorf-Pädagogik legt mehr Wert auf tiefes Verständnis und Erkennen von Zusammenhängen als auf abfragbare Details, wodurch das Wissen besser in das Langzeitgedächtnis übernommen wird und in Richtung „menschlicher Reife" zur Wirkung kommen kann. Dies entspricht auch den zukünftigen Anforderungen; denn aktuelles Faktenwissen ist leicht auf Knopfdruck aus dem Computer verfügbar, aber das intuitive Verständnis der Zusammenhänge und die Anwendung des Wissens im Rahmen einer Gesamtaufgabe werden weiterhin dem kreativen Menschen vorbehalten bleiben.

Wenn in der dreizehnten Klasse der Waldorfschule auf Abitur oder Mittlere Reife vorbereitet wird, ist natürlich auch hier der „Paukbetrieb" unvermeidbar, doch das ist dann nicht mehr Waldorf-Pädagogik, sondern die Erfüllung der behördlichen Vorgaben zur Erlangung von bestimmten staatlichen Abschlüssen.

Das Erlernen von Fertigkeiten ist im Lehrplan enthalten und wird altersgerecht erfüllt. Außer den selbstverständlichen Fertigkeiten des Lesens, Schreibens und Rechnens wird auf Heftführung, Handarbeiten, Haushaltsarbeiten und handwerkliche Fertigkeiten großer Wert gelegt. Wo es möglich ist, wird dabei die Verbindung zur Kunst gesucht und praktiziert (zum Beispiel Schmiedearbeit und Töpferarbeit).

Die Charakterbildung geht in Waldorfschulen mit der Menschenbildung einher und findet im gesamten Unterrichtsgeschehen statt. Bemerkenswert ist, daß gerade von handwerklichen Aufgaben, welche die Schüler entweder eigenständig oder im Team zu erledigen haben, ein sehr positiver Einfluß auf die Charakterbildung ausgeht.

Die Vorbereitung auf das Leben in Beruf und Gesellschaft geschieht in den höheren Klassen unter anderen im Rahmen von Praktika (Handwerks-, Industrie- und Sozialpraktikum), die fester Bestandteil des Lehrplanes sind. Auch die Jahresarbeiten der achten und zwölften Klasse, welche von der Themenwahl bis zur Vorstellung der fertigen Arbeit eigenständig durchgeführt werden, sind ein ideales Übungsfeld für den Einstieg in das gesellschaftliche Leben.

Das Thema Lebensplan und Sinnfindung ist in der Waldorfschule ausgeprägt vorhanden, da die Förderung der freiheitlichen Entwicklung der Individualität jedes Schülers ein wichtiges Erziehungsziel ist und der junge Mensch vorbereitet wird, sein eigenes Leben aus den in ihm liegenden Anlagen und Absichten selbst zu gestalten.

Zusammenfassend kann festgestellt werden:

In den Waldorfschulen erfolgt Menschenbildung und Wissensvermittlung in einem ausgewogenen Verhältnis. Lehrplan und Unterricht weisen eine deutliche Struktur auf, die aus den menschenkundlichen Erkenntnissen von Rudolf Steiner abgeleitet ist und sich grundsätzlich bis heute bewährt hat. Das künstlerische Tun begleitet als verbindendes Element den Unterricht. Eine enge Verbindung zur Praxis und zum realen Leben ist durchgehend vorhanden und selbständiges Arbeiten wird sehr gefördert.

Die Frage, ob für ein bestimmtes Kind die Waldorfschule richtig ist, hängt nicht nur vom Persönlichkeitsbild des Kindes ab, sondern auch von der Einstellung der Eltern zu diesem Erziehungsweg. Für den Besuch der Waldorfschule wird neben finanziellen Leistungen auch das Engagement der Eltern in der Schulgemeinschaft erwartet, und es ist ratsam, diese Gesichtspunkte bei der Schulwahl mit zu berücksichtigen.

IV. Kapitel
PÄDAGOGISCHE GRUNDGEDANKEN VON KRISHNAMURTI

Historie

Jiddu Krishnamurti wurde am 11. Mai 1895 in der kleinen Stadt Madanapalle in Südindien geboren. Er war das achte Kind einer Brahmanen-Familie. Sein Vater war Beamter in der Finanzverwaltung der Britischen Administration und Theosoph. Seine Mutter, eine Verehrerin von Krishna, hatte ihr achtes Kind nach ihm benannt.

Krishnamurti war ein verträumtes Kind und hatte in der Schule große Schwierigkeiten. Er entfaltete jedoch sehr früh eine ausgeprägte Beobachtungsgabe und betrachtete schon als Kind lange Zeit intensiv Wolken, Bäume, Blumen und Insekten. Früh zeigte sich auch sein großzügiges Wesen und eine Vorliebe für Aufbau und Funktion von Mechaniken und Maschinen.

Zwischen ihm und seinem drei Jahre jüngeren Bruder Nityananda bestand eine ganz enge Bindung, die durch dessen frühen Tod ein schmerzliches Ende fand. Im Alter von zehn Jahren verlor er seine Mutter. Sein Vater, der vorzeitig pensioniert wurde, bewarb sich um eine Anstellung bei der Theosophischen Gesellschaft in Adyar und erhielt 1908 eine Stelle als Zweiter Sekretär. Er zog mit seinen Söhnen nach Adyar, wo die Kinder anfänglich unter schlechten Verhältnissen lebten.

Charles W. Leadbeater, ein prominentes Mitglied der Theosophischen Gesellschaft, entdeckte 1909 Krishnamurti zusammen mit seinem Bruder am Strand. Er erkannte die besonderen Fähigkeiten des Jungen und sah dessen Zukunft als spiritueller Lehrer voraus. Im Sommer 1909 fand Krishnamurtis erste Begegnung mit Annie Besant, der Präsidentin der Theosophischen Gesellschaft, statt. Sie war sehr beeindruckt von seinem Wesen und seiner persönlichen Ausstrahlung und förderte seinen weiteren Lebensweg. Mit Einwilligung des Vaters sorgten fortan Leadbeater und Annie Besant für die Betreuung, Erziehung und Ausbildung von Krishnamurti und seinem Bruder Nityananda, die später in England fortgesetzt wurde.

1911 gründeten Annie Besant und Charles W. Leadbeater den „Internationalen Orden des Sterns im Osten" für all jene, die an das baldige Erscheinen eines Weltlehrers glaubten, und sie machten den sechzehnjährigen Krishnamurti zum Oberhaupt dieses Ordens, der bis Mitte der zwanziger Jahre zehntausende von Mitgliedern anzog.

Krishnamurti hatte Schwierigkeiten mit dem damaligen Bildungssystem der höheren Schulen in England und ging 1920 nach Paris, um Französisch zu lernen.

Im Rahmen eines Vortrages in Adyar zum Thema „*Der künftige Lehrer*" sagte er 1922 genau sein zukünftiges Wirken voraus: „*Er wird nicht das sagen, was wir hören wollen, noch wird er unsere Gefühle hätscheln, was wir so mögen. Im Gegenteil, er wird alle aufwecken, ob uns das gefällt oder nicht.*" (1)

Schon zu dieser Zeit mißfielen ihm gewisse Vorgänge in der Theosophischen Gesellschaft, insbesondere die Cliquenwirtschaft und das „Getue" um seine Person, denn all das widersprach seinem Wesen, das eher schüchtern und scheu war und keinen intellektuellen Anspruch erhob.

Nachdem Krishnamurti wiederholt einen dramatischen inneren „Prozeß" durchgemacht hatte, der ihn sehr beanspruchte, und er außerdem durch den Tod seines Bruders schwer erschüttert wurde, begann er mehr und mehr in seine eigenständige Rolle als spiritueller Lehrer hineinzuwachsen.

Als er 1927 über das Thema „*Befreiung*" sprach, zeigten sich deutlich die Umrisse seiner Philosophie. Aus Notizen über diese Rede stammen die folgenden Sätze: „*Manche von euch glauben, daß ich euch einen Trunk geben kann, der euch befreien wird. Das ist nicht so. Ich kann die Tür sein, aber ihr müßt selber durch die Tür gehen und die Befreiung finden, die dahinter ist.*" (2)

Solche Aussagen erschütterten die Autorität der theosophischen Führer, die ihren Einfluß schwinden sahen. Die Unvereinbarkeit zwischen seinen tiefen Einsichten und den Erwartungen der Theosophischen Gesellschaft wurde immer größer, bis Krishnamurti im August 1929 Konsequenzen zog und eine Epoche seines bisherigen Wirkens beendete, indem er in Gegenwart von Annie Besant und mehreren tausend Ordensmitgliedern den „Sternen-Orden" mit einer denkwürdigen Rede auflöste. Er verkündete damals: „*Die Wahrheit ist ein pfadloses Land, und man kann sich ihr auf keinem Pfad nähern, über keine Religion, über keine Sekte*". ...... "*Die Wahrheit kann nicht erniedrigt werden, vielmehr muß der einzelne sich darum bemühen, zu ihr aufzusteigen.*" Seine eigene Zielsetzung faßte er wie folgt zusammen: „*Ich bin nur darauf bedacht, den Menschen absolut und bedingungslos zu befreien.*" (3)

Seit jener Zeit bereiste Krishnamurti unermüdlich die Welt, begegnete einer breit gefächerten und interessierten Anhängerschaft und fand immer wieder neue Formulierungen, um den Zuhörern seine Einsichten zu erläutern und das menschliche Leben aus unterschiedlichen Perspektiven darzustellen. Er sprach in großen Vortragssälen und in kleinen privaten Gesprächskreisen, wobei Menschen aus allen Lebensbereichen zu ihm kamen. Er führte intensive Gespräche mit Wissenschaftlern, Psychologen, Künstlern, Schriftstellern, Politikern, Staatsoberhäuptern, Königen und religiösen Führern, gewann weltweit Beachtung und Ansehen und trug zu einem Brückenschlag zwischen Wissenschaft und Religion bei.

Obwohl die Menschen durch die Radikalität seiner Ansichten aufgerüttelt wurden, fühlten sie sich zum Teil auch im Stich gelassen oder überfordert, da Krishnamurti keinerlei Hinweise für eine praktikable Umsetzung seiner Lehre gab. Die Zuhörer spürten jedoch die große Ausstrahlung seiner Persönlichkeit, seine Lauterkeit und die tiefe Wahrhaftigkeit in seinen Worten.

Er hielt seine Vorträge nie nach einem Manuskript, sondern blickte zu Beginn eingehend in die Zuhörerrunde, stellte eine innere Beziehung her und begann mit seinem Vortrag. Dabei schien eine höhere Kraft mit ihm verbunden zu sein, die gleichsam durch ihn sprach und auch auf die Zuhörer überströmte.

Die meisten seiner Schriften und Bücher hat er nicht selbst verfaßt; sie wurden aus Mitschriften und Tonbandaufzeichnungen seiner Reden von anderen zusammengestellt und von ihm redigiert.

Krishnamurti weigerte sich stets, als „Guru" angesehen zu werden, und er wollte den Menschen auch nicht sagen, was sie tun sollten. Er hielt ihnen jedoch einen Spiegel vor und verwies eindringlich auf die Ursachen von Gewalt, Angst und Unglück in der Welt.

Mit seiner Lehre wollte er dazu beitragen, einen anderen Menschen zu schaffen, und daher war auch die Erziehung ein Hauptinteressensgebiet während seines ganzen Lebens. Er liebte die Kinder und glaubte, wenn sie sich ohne Vorurteile, Ideologien, Nationalismen und Wettstreit entfalten würden, könnte es Frieden in der Welt geben.

Krishnamurti gründete selbst Schulen - fünf in Indien, eine in England und eine in Kalifornien. Er hielt das Lehren für die höchste Berufung und die Qualität der Lehrer für das Allerwichtigste. Seine Schulen sollten sich mit der Entwicklung des ganzen Menschen befassen und Schülern und Lehrern helfen, sich natürlich zu entfalten. Wettstreit sei eines der größten Übel in der Erziehung, und in seinen Schulen sollte ohne Wettstreit ein hoher Standard erreicht werden.

Krishnamurti starb am 17. Februar 1986 in Ojai in Kalifornien. Er war eine faszinierende und geheimnisvolle Persönlichkeit und ein höchst außergewöhnlicher Mensch, der von grenzenloser Liebe zu allem Leben geleitet wurde; ein global wirkender Menschheitslehrer von großer geistiger Tiefe, ohne jede Bindung an eine Religion, der die Menschen aus allen Zwängen wie Rasse, Religion, Nationalität und Tradition befreien und zur inneren Freiheit führen wollte. Er hat das philosophische Denken des zwanzigsten Jahrhunderts nachhaltig beeinflußt.

Da Teile seiner Lehre eine glaubwürdige Botschaft für die heutige Zeit beinhalten, ist das Interesse an seinen Schriften und seiner Person auch nach seinem Tode ungebrochen.

Die von ihm gegründeten Schulen und die Krishnamurti-Zentren für Erwachsene entwickeln sich weiter und werden von Menschen aus vielen Nationen besucht.

Seine Vorstellungen über Erziehung sind ähnlich radikal und aufrüttelnd wie seine Lehre und verdienen gerade deshalb in unserer Zeit des Umbruchs und Wandels eingehende Beachtung und Prüfung auf Anwendbarkeit.

Grundsätze

Bei Krishnamurti fällt es nicht leicht, seine pädagogischen Grundgedanken und die darin enthaltenen Grundsätze herauszufinden. Das liegt daran, daß er kein Konzept für das Lehren aufgestellt hat, sondern seine pädagogischen Vorstellungen an mehreren Stellen seiner Werke und in verschiedenen Briefen und Schriften enthalten sind.

Es soll der Klarheit dienen, wenn zunächst in Umrissen dargestellt wird, welche Vorstellungen Krishnamurti von Erziehung und Erziehungszielen hatte und danach seine pädagogischen Grundsätze aufgezeigt werden.

Krishnamurti sieht die Erziehung aus seiner Perspektive sehr weit gefaßt. Für ihn hat die Vermittlung von Wissen und Fertigkeiten keine so große Bedeutung, sondern vorrangig sind die menschenbildenden Aspekte in der Erziehung, wie die nachfolgende Auswahl beispielhaft zeigen soll:

- *„Schauen" und „Hören" entfalten.* Gemeint ist, einen aufmerksamen Blick, ein empfindsames Ohr und ein offenes Herz für die Schönheiten der Natur - den Himmel, die Landschaft, die Bäume, den Gesang der Vögel usw. - zu entwickeln und in eine unmittelbare Verbindung einzutreten.
- *Ein „kritisches Wachsein" gegenüber äußeren und inneren Vorgängen entwickeln.* Zu den äußeren Vorgängen gehören beispielsweise die Ereignisse und das Leben in unserer Umwelt und in unserem Gemeinwesen, unsere menschlichen Beziehungen sowie überlieferte Strukturen, Traditionen und das Wissen von Büchern und Autoritäten. Als innerer Vorgang gilt, sich selbst zu erkennen und mit sich umgehen zu lernen sowie ein Gleichgewicht zwischen Verstand und Gefühl herzustellen.
- *Zur Freiheit und Ordnung finden.* Freiheit ist die Grundvoraussetzung für eine gedeihliche menschliche Entwicklung; sie bedeutet jedoch keinesfalls, daß man machen kann, was man will, sondern sie ist stets verknüpft mit intelligenter Ordnung und Rücksichtnahme auf andere Menschen.
- *„Sensibilität" entwickeln hinsichtlich der Außenwelt, der Gedanken und der Gefühle.* Sensibilität ist notwendig, um das Le-

ben umfassend und erfüllt zu leben sowie um die Schönheiten wahrzunehmen und zu schätzen.

- *Die eigene Berufung selbst herausfinden.* Wenn man eine Aufgabe selbst gefunden hat, die man liebt und in der man sich mit Herz und Verstand engagiert, wird man sehr erfolgreich sein, ohne rücksichtslos vorzugehen. Eine richtige Erziehung hilft also nicht, einen Karriereweg, sondern seine Lebensaufgabe zu finden.
- *Sich seiner selbst bewußt werden, das Zeitgebundene vom Wirklichen unterscheiden und einen selbstlosen Zugang zum Leben entfalten.*

Krishnamurtis Erziehungsziele sind sehr idealistisch, hochgesteckt und teilweise auch radikal. Das Fernziel sieht er in einer Änderung des Bewußtseins und einer Veränderung der menschlichen Gesellschaft. Um einen Eindruck zu gewinnen, was nach seinen Vorstellungen die Erziehung für den einzelnen Menschen beziehungsweise für die menschliche Gesellschaft bewirken sollte, werden nachfolgend einige Erziehungsaufgaben und Zielvorstellungen aufgeführt:

- *Das menschliche Wesen in seiner Ganzheit kultivieren. (4) Das Ziel ist ein Erblühen des Menschen, welches dann auf natürliche Weise eintritt, wenn Verstand, Herz und Körper in vollkommener Harmonie sind.*
- *Den Sinn des Lebens in seiner Gesamtheit erkennen und eine ganzheitliche Lebensauffassung erlangen.*
- *Nicht nur die Aneignung von Wissen fördern, sondern - was weitaus wichtiger ist - das Wecken jener Intelligenz, die dann das Wissen gebrauchen wird. (5)*
- *Menschliche Wesen formen, die in einem einheitlichen Bewußtsein leben, die intelligent, frei und dem Leben als Ganzem gewachsen sind.*
- *Richtige Beziehungen ausbilden, und zwar nicht nur zwischen Individuen, sondern auch zwischen den einzelnen und der Gesellschaft. (6)*
- *Einsicht entwickeln und dadurch die Wege des Lebens begreifen und die rechten Werte erkennen.*
- *Umwandlung der heutigen Werte aus Verständnis für den gesamten Lebensvorgang herbeiführen.*

- *Volle Verantwortlichkeit für die gesamte Menschheit und die Erde kultivieren und die Form unseres Lebens, die die Grundlage der Gesellschaft bildet, radikal wandeln.*
- *Eine neue Menschengeneration hervorbringen, die von egozentrischer Handlung befreit ist.* (7)
- *Eine neue Generation hervorbringen, die diese Gesellschaftsstruktur verändert, in welcher der Broterwerb ganz und gar als Hauptbeschäftigung gilt.* (8)

Nach diesem Überblick möchte ich nun die eigentlichen pädagogischen Grundsätze herausstellen, wie sie sich nach meinem Verständnis aus dem, was Krishnamurti zum Thema Erziehung gesagt hat, ableiten lassen:

Achtung vor der Individualität des Kindes.
Krishnamurti hat diesen Grundsatz mit folgenden Worten sehr deutlich formuliert: *"Rechte Erziehung besteht im Verständnis für ein Kind so, wie es ist, ohne ihm das Ideal unserer eigenen Vorstellung, wie es sein sollte, aufzuzwingen."* (9)

Die Qualität der Lehrer und ihr menschliches Verhalten sind das Allerwichtigste im Erziehungsprozeß.
Krishnamurti hat hierzu an verschiedenen Stellen folgendes ganz klar gesagt: *"Ein Erzieher ist nicht nur jemand, der Wissen weitergibt, sondern jemand, der den Weg zur Weisheit und Wahrheit zeigt."* (10)

"Wenn im Herzen des Lehrers Liebe und Freiheit wohnen, wird er sich jedem Schüler mit Aufmerksamkeit für seine Bedürfnisse und Schwierigkeiten nähern; und dann wird der Lehrer auch nicht wie eine Maschine sein, die nach Methoden und Formeln arbeitet, sondern ein spontanes menschliches Wesen - stets wach und beobachtend." (11)

"Es ist weit wichtiger, Schulen mit einer begrenzten Anzahl Jungen und Mädchen und den rechten Erziehern zu haben, als die neuesten und besten Methoden in großen Instituten anzuwenden." (12)

"Für den wahren Lehrer ist Unterricht keine Technik, sondern eine Lebensweise." (13)

Lernen kann nur in einer kommunikativen Gemeinschaft von Lehrer und Schüler stattfinden, ohne Hierarchie, Autorität und Zwang. Es ist ein gemeinsamer Prozeß zwischen Schüler und Lehrer, in dem schließlich beide etwas lernen.

Krishnamurti schrieb darüber in den Briefen an seine Schulen:

„In der Zusammenarbeit müssen Lehrer und Schüler eine Beziehung zueinander haben, die im Kern auf Zuneigung beruht." .... *„Um zu studieren, zu lernen und zu handeln, ist Zusammenarbeit zwischen Lehrer und Schüler notwendig. Beide sind daran beteiligt. Der Erzieher weiß vielleicht über viele Fächer und Fakten Bescheid. Wenn er das dem Schüler ohne die Qualität von Zuneigung vermittelt, kommt es zu einem Kampf zwischen den beiden. Uns geht es aber nicht nur um weltliches Wissen, sondern auch um das Studium unserer selbst, in dem Lernen und Handeln liegt. Beide - Lehrer und Schüler - sind daran beteiligt, und Autorität hört hier auf. Um über sich selbst etwas zu lernen, ist der Lehrer nicht nur mit sich selbst befaßt, sondern auch mit dem Schüler. In dieser Wechselbeziehung mit ihren Reaktionen beginnt man, sein eigenes Wesen zu erkennen - die Gedanken, die Wünsche, die Bindungen, die Identifikation usw. Jeder wirkt für den anderen als Spiegel; jeder beobachtet in dem Spiegel genau, was er ist."* (14)

Vergleich, Wettbewerb und Bewertungssystem haben keinen Platz in der Erziehung.
Durch Vergleich und Wettbewerb entsteht bewußt oder unbewußt Widerstand, Eifersucht, Besorgnis und Angst.

Auch dazu fand Krishnamurti deutliche Worte an die Lehrer seiner Schulen: *"Wenn der Erzieher Vergleichen und Messen beiseite läßt, dann befaßt er sich mit dem Schüler, wie er ist, und seine Beziehung zum Schüler ist direkt und völlig anders. ... Die ganze Atmosphäre einer Schule erfährt eine Wandlung, wenn das Gefühl von Wettbewerb und Vergleich erlischt."* (15) *„Der Lehrer soll den Schüler nicht benoten, jedoch Aufzeichnungen für sich selbst führen, um zu verstehen, wie der Schüler sich benimmt, wie er lernt und welchen Wissensstand er hat."* (16)

Schüler werden zum Lernen motiviert, wenn der Lehrer eine geeignete kommunikative Beziehung zu den Schülern herstellt, in der Vertrauen besteht und er den zu vermittelnden Stoff für die Schüler interessant gestaltet.

Umsetzung in Schulen nach den Grundgedanken von Krishnamurti

Da Krishnamurti keine detaillierten Anweisungen gegeben hat, wie eine Schule nach seinen Vorstellungen aussehen soll, sind die von ihm gegründeten Schulen zwar von seinem Geist getragen, jedoch abhängig von dem jeweiligen Land, den Leiterpersönlichkeiten und den örtlichen Gegebenheiten sehr unterschiedlich konzipiert. Zwischen diesen Schulen besteht ein Informationsaustausch und eine Zusammenarbeit.

Am Beispiel der Schule in England, mit dem vollen Namen: „The Brockwood Park Krishnamurti Educational Centre", möchte ich die Umsetzung der Grundgedanken von Krishnamurti darstellen.

Die Schule in Brockwood Park wurde 1969 von Krishnamurti für Schüler und Lehrer aus allen Teilen der Welt gegründet, um eine herausragende Erziehung zu verfolgen und die für unsere Welt bestehenden Herausforderungen zu untersuchen. Sie ist eine reine Privatschule, die von der Krishnamurti-Stiftung unterstützt wird.

Erscheinungsbild der Schule

Der Schulbau liegt in einem großen Parkgelände mit alten und seltenen Bäumen in der wunderschönen hügeligen Landschaft von Hampshire in Südengland. Das Hauptgebäude ist ein großes herrschaftliches Wohnhaus aus dem 18. Jahrhundert, welches innen für den Schulbetrieb eingerichtet wurde. Auf dem Gelände der Schule leben sechzig Schüler im Alter von vierzehn bis einundzwanzig Jahren und fünfunddreißig Schulangestellte (Lehrer, Gärtner, Küchen- und Instandhaltungspersonal) aus zwanzig verschiedenen Ländern in einer Gemeinschaft zusammen.

Sie gestalten den Schulbetrieb und erledigen alle mit Versorgung, Raum- und Parkpflege anfallenden Arbeiten gemeinsam. Die Ernährung ist vegetarisch, wobei die auf dem Gelände befindlichen Gemüsegärten und Glashäuser einen hohen Anteil Eigenversorgung ermöglichen. Außer den Unterrichtsräumen und den Unterkünften gibt es sehr schöne Gemeinschaftsräume, Aufenthaltsräume und eine reichhaltige Bibliothek. In dieser besonderen Art des Zusammenlebens, umgeben von herrlicher Natur, entsteht eine Atmosphäre des Wohlfühlens und der Offenheit in den Beziehungen sowie eine intensive Kommunikation und Kooperation.

Schulbetrieb und Leben in der Gemeinschaft

Schulbetrieb und Lebensablauf in der Gemeinschaft sind eng verbunden und nicht voneinander zu trennen. Es herrscht ein kollegiales bis freundschaftliches Verhältnis zwischen Lehrern und Schülern, geprägt von Vertrauen und tiefer zwischenmenschlicher Kommunikation, ohne Hervorkehren von Autorität und ohne Angst. Auf Ordnung, gute Qualität und Genauigkeit in allen Dingen wird viel Wert gelegt. Freiheit wird in Verbindung mit Rücksichtnahme und Übernahme von Verantwortung in der Gemeinschaft erlebt.

Der Tagesablauf eines Schultages sieht wie folgt aus: Zur Einstimmung formt man jeden Morgen im Versammlungsraum etwa fünfzehn Minuten lang einen gemeinsamen Kreis, in dem Gespräche und Meditation stattfinden oder Musik gehört wird. Nach dem Frühstück folgt fünfundvierzig Minuten Morgentätigkeit für die Gemeinschaft (Küchenarbeit, Raumpflege, Gartenarbeit und Parkpflege) an der alle Schüler und alle Schulangestellten einschließlich der Lehrer und Direktoren mitarbeiten. Dann findet der eigentliche Unterricht in Kleingruppen von vier bis fünf Schülern statt, wobei ein breites Spektrum an Fächern, Fertigkeiten und künstlerischen Tätigkeiten angeboten wird. Bei dem gemeinsamen Mittagessen um 13.00 Uhr sitzen Lehrer und Schüler zusammen an einem Tisch, wodurch das Empfinden, gleichrangig im selben Boot zu sitzen, deutlich erfahren wird. Nach einer Ruhezeit bis 15.00 Uhr wird der Nachmittag für weiteren Unterricht, Sport, handwerkliche und künstlerische Tätigkeiten sowie Lesen in der Bibliothek verwendet. Um 19.00 Uhr gibt es Abendessen und danach bleibt Zeit für Hausaufgaben, individuelle Freizeit oder Aktivitäten wie beispielsweise Chorsingen und Volkstanz. Zur Hausordnung gehören folgende Festlegungen: Rauchen, Alkohol, Drogen und sexuelle Beziehungen sind auf dem Schulgelände nicht gestattet.

Zweimal pro Woche gibt es ein Treffen zwischen Lehrern und Schülern, auf dem über alle anliegenden Themen offen gesprochen wird und auch Schüler in die Aufgabe der Problemlösung einbezogen werden.

Einmal wöchentlich wird ein Nachmittag der Lehre von Krishnamurti gewidmet. Es werden Video-Aufzeichnungen seiner Vorträge angesehen und Diskussionen über seine Gedanken zum Leben und zu den zwischenmenschlichen Beziehungen abgehalten.

In dieser Schule ist Samstag und Sonntag Schulbetrieb, da das schulfreie Wochenende bewußt auf zwei Wochentage gelegt wurde, um Einkäufe und Erledigungen in den umliegenden Städten zu tätigen. Dadurch ist es möglich, an Samstagen oder Sonntagen Gastlehrer von anderen Schulen oder Universitäten einzuladen, um spezielle Fächer oder Themen zu behandeln.

Die Schule ist als reine Privatschule hinsichtlich Lehrstoff und Lerninhalte ganz auf sich gestellt. Staatliche Inspektoren besuchen die Schule gelegentlich und überzeugen sich in persönlichen Gesprächen mit Schülern, daß kein Mißbrauch geschieht, nehmen jedoch keinen Einfluß auf die Gestaltung des Unterrichts und die Lerninhalte.

Bewerber für diese Schule werden nicht nach ihren bisherigen schulischen Leistungen ausgewählt, sondern danach, wie er oder sie die Ziele und Absichten dieser Schule annimmt und sich selbst in diesen Schulbetrieb und die Gemeinschaft einbringt. Teil der Bewerbung ist ein etwa einwöchiger Besuch der interessierten Schüler in Brockwood Park, bei dem gegenseitiges Kennenlernen vor der Aufnahme möglich ist.

Zu den Besonderheiten dieses Schulbetriebes gehört das sehr individuelle Eingehen auf die Schüler, welche aus verschiedenen Kulturkreisen mit unterschiedlichen Vorkenntnissen dorthin kommen. So erörtern beispielsweise zu Beginn jedes Schuljahres über eine Woche lang Schüler und Lehrer gemeinsam die Ausbildungswünsche und Interessensgebiete der Schüler. Darauf aufbauend, werden

- die persönlichen Stundenpläne für jeden Schüler ausgearbeitet,
- die Angebote an Lehrfächern, Fertigkeiten und kreativen Tätigkeiten erstellt,

- die sehr individuellen Klassen mit etwa vier bis fünf Schülern zusammengestellt.

Es wird zwischen sogenannten „Prüfungsklassen" und „Nicht-Prüfungsklassen" unterschieden, da viele Schüler anschließend ein Universitätsstudium anstreben und die hierfür erforderlichen Prüfungen absolvieren wollen. Für die Schüler aus „Nicht-Prüfungsklassen" gibt es zum Abgang eine Art Diplom, worin Lehrfächer, Kurse und Tätigkeiten aufgeführt sind.

Ziele, Leitlinien und Erziehungsinhalte

Die wesentlichen Ziele dieser Schule lassen sich wie folgt zusammenfassen:
- *Den „ganzen Menschen" erziehen.* Es wird nicht nur der Verstand geschult und Wissen vermittelt, sondern es werden auch der Gefühlsbereich, die Emotionen und die psychologischen Vorgänge im Menschen einem Erziehungsprozeß unterzogen. Die jungen Menschen sollen für das Leben erzogen und nicht für die Berufsausübung trainiert werden; ihr Verhalten soll nicht nur von eigennützigen Überlegungen bestimmt sein.
- *In einer angstfreien Schule lernen und leben.* Die Angst der Schüler zu verstehen, sie durch ein persönliches und freundschaftliches Verhältnis von Lehrern und Schülern sowie durch eine Atmosphäre der Offenheit und des Vertrauens abzubauen, ist ein zentraler Ansatzpunkt. Im psychologischen Bereich stehen Lehrer und Schüler auf der gleichen Stufe, und es gibt keine hervortretende Autorität.
- *Freiheit richtig erkennen und den Umgang mit Freiheit lernen und erfahren.* Freiheit bedeutet nicht, zu tun, was man gerade will, sie geht stets einher mit Rücksichtnahme, Ordnung und Verantwortung und ist bei näherer Betrachtung keine einfache Angelegenheit. Zur Freiheit gehört auch, daß man seine eigene Gebundenheit an Rasse, Religion, Nationalität, Tradition, Dogmen, Meinungen usw. verstehen lernt und überwindet, denn mit Vorurteilen und Dogmen kann es niemals eine freie Gesinnung geben.

Die folgenden Leitlinien der Erziehung machen das Bild dieser Schule deutlich:

- *Keine unnötige Trennung zwischen Schulpersonal und Schülern.* Dieses Prinzip zieht sich wie ein roter Faden durch alle Bereiche der Schulgemeinschaft. Die Schüler werden überall miteinbezogen und helfen bei der Problemlösung mit.
- *Lernen durch Tun.* Es gibt vielfältige Kurse und Aktivitäten, die das eigene Tun der Schüler in den Mittelpunkt stellen, wie beispielsweise Computerkurse, Musik und Kunst.
- *Zu den grundlegenden Fragen hinter den Alltagsproblemen durchdringen.* Gemeint ist, ein tiefes Verständnis für grundlegende Zusammenhänge hinter Alltagsgegebenheiten zu entwickeln.
- *Ein strukturiertes Programm zur Lebensplanfindung anbieten.* In dieser Schulzeit soll der Schüler herausfinden, was er sehr gerne möchte, wofür sein Herz wirklich schlägt.
- *Kontakt mit der Natur pflegen.* Dazu gehört unter anderem das Naturerleben in der Landschaft sowie im Park und Garten, die Beziehung zum eigenen Körper und die Ausbildung eines ausgeprägten Umweltbewußtseins.

Die Schule in Brockwood Park erfüllt den Bildungsauftrag durch entsprechende Fächer und Fremdsprachen und bietet zusätzlich interessante fachübergreifende Angebote wie zum Beispiel Astrophysik, Ursprünge der Menschheit, Automechanik, Filmkunst, Physik der Töne, Stimmbildung, Yoga. Breiten Raum nehmen die künstlerischen Aktivitäten ein, da diese den Leitgedanken *„Lernen durch Tun"* in hohem Maße verwirklichen. Besonders hervorzuheben sind die sozialen, psychologischen und menschenbildenden Erziehungsinhalte, die durch das Leben in einer internationalen Schulgemeinschaft praktisch erfahren werden. Weiterhin bietet die Schule die besten Möglichkeiten, sich mit der Person und der Lehre Krishnamurtis vertraut zu machen und das eigene Verständnis durch intensive Diskussionen zu vertiefen, beziehungsweise den Inhalt seiner Lehre in der Schulgemeinschaft versuchsweise zu leben.

Aufgabe und Verantwortung der Lehrer

Lehrer an der Krishnamurti Schule in Brockwood Park zu sein, ist eine besondere Aufgabe, die hohe Ansprüche an menschliche und fachliche Qualitäten stellt. Als Voraussetzung ist Interesse für die Lehre von Krishnamurti und Begeisterung für ein Leben in dieser Schulgemeinschaft notwendig. Weiterhin ist die Fähigkeit, mit jungen Menschen freundschaftliche Beziehungen aufzubauen, sich mit ihnen auf gleicher Stufe zu fühlen und dennoch als Lehrer anerkannt und wenn nötig auch respektiert zu werden, von besonderer Bedeutung. Der sehr persönliche, fast private Unterricht verlangt vom Lehrer, in hohem Maße auf die Schüler einzugehen, die er gleichsam wie ein erfahrener Reiseleiter durch das jeweilige Gebiet geleitet und sie zugleich in ihren selbständigen Arbeiten unterstützt. Nicht zuletzt sind auch die notwendigen Lerninhalte und Kenntnisse für das Bestehen der gewünschten Abschlüsse oder das spätere Berufsleben zu vermitteln.

Hohe Verantwortung tragen die Lehrer, wenn sie gemeinsam mit ihren Schülern die individuellen Lehrpläne ausarbeiten und dabei unterschiedliche Vorkenntnisse, Interessenslage, Ausbildungsziele und Eigenheiten ausgewogen berücksichtigen.

Gute Menschenkenntnis und hohes psychologisches Einfühlungsvermögen sind für den Lehrberuf in dieser internationalen Schulgemeinschaft nötig, in der auch sehr persönliche Probleme behandelt werden müssen, da viele Eltern wegen der räumlichen Entfernung schwer verfügbar sind.

Lehrer, die sich für diese Schule bewerben, durchlaufen kein spezielles Training, sondern müssen sich innerhalb einer langen Probezeit von ein bis zwei Jahren im Unterricht und in der Schulgemeinschaft bewähren, bevor sie endgültig aufgenommen werden.

Eltern / Lehrer-Verhältnis

Das Eltern / Lehrer-Verhältnis ist in der Brockwood Park Schule, mit Schülern im Alter von vierzehn bis einundzwanzig Jahren, von untergeordneter Bedeutung und beschränkt sich auf Informationsgespräche mit interessierten Eltern, die auch Gelegenheit haben, die Schule als Gäste zu besuchen. Da der Erziehungsprozeß auf einem sehr persönlichen Verhältnis von Lehrern zu Schülern basiert und auch durch das Leben in dieser internationalen Gemeinschaft stark bestimmt wird, glaubt man, daß es besser ist, wenn sich die Eltern aus diesem Geschehen heraushalten.

Diskussion

Manche Leser werden fragen, warum gerade die pädagogischen Grundgedanken von Krishnamurti behandelt werden, zumal eine derartige Schule in Deutschland erst in Planung ist und vor Aufnahme des Schulbetriebes noch behördlich genehmigt werden muß. Die Gründe möchte ich nachfolgend kurz darstellen:

Krishnamurti nähert sich dem Thema Erziehung auf ganz andere Art. Er war primär Philosoph und spiritueller Lehrer und hatte stets das menschliche Leben als Ganzes im Auge. Nach seiner Ansicht ist eine Veränderung der Menschen und der menschlichen Gesellschaft erforderlich und die Chance zu einer solchen Wandlung besteht insbesondere bei der jungen Generation über den Weg einer anderen Erziehung. Er hat sich keinen großen Illusionen hingegeben, daß ein radikaler Wandel bald eintritt und rasch um sich greift, aber er hat auch nie aufgehört, den Menschen immer wieder die Mißstände und ihre Ursachen zu zeigen und ihnen zu sagen, daß nur ein Bewußtseins- und Wertewandel eine Veränderung bewirken kann.

Er gab kein detailliertes Konzept für eine Schule nach seinen Vorstellungen, sondern lediglich Zielvorstellungen und grobe Rahmenrichtlinien. Für ihn war das Thema Erziehung eine Konsequenz aus seinen philosophischen Betrachtungen, und von da her entwickelte er eine wesentlich umfassendere Aufgabenstellung und Zielsetzung für die Erziehung, setzte andere Prioritäten und verlangte teilweise radikal veränderte Inhalte. Seine Betrachtungsweise fordert zum kritischen Nachdenken heraus, relativiert bestehende Erziehungsziele und läßt die derzeitige Erziehung in einem anderen Licht erscheinen. Daraus könnte die Einsicht erwachsen, daß es eigentlich auf ganz andere Werte im Leben ankommt, und es wäre möglich, Tendenzen zu erkennen, wohin sich die Erziehung der Menschen im einundzwanzigsten Jahrhundert entwickeln sollte, wenn die Menschheit ein neues Überlebensgleichgewicht auf diesem Planeten ansteuert.

Nach eingehenden Studien und Gesprächen über die von Krishnamurti 1969 in England gegründete Schule „The Brockwood Park Krishnamurti Educational Center" fielen mir folgende Besonderheiten und Unterschiede zu anderen Schulen auf:

- *Das sehr persönliche bis freundschaftliche Verhältnis zwischen Lehrern und Schülern, voll Vertrauen und frei von Angst.* Hierzu leistet das gemeinsame Leben von Lehrern und Schülern auf dem Schulgelände einen erheblichen Beitrag.
- *Die internationale Schulgemeinschaft als Übungsfeld für zwischenmenschliche Beziehungen in einer multikulturellen Gesellschaft.* Es besteht eine gute Atmosphäre in dieser Schulgemeinschaft. Das gemeinsame Erledigen der alltäglich anfallenden Gemeinschaftsaufgaben wirkt erziehend und ist eine gute Vorbereitung für das Leben in Beruf und Gesellschaft.
- *Ein maßgeschneiderter Lehrplan für jeden Schüler.* Das sehr weitgehende Eingehen auf Interessensgebiete und Ausbildungswünsche unter Berücksichtigung der Vorkenntnisse und der Schülerpersönlichkeit führt zu einem Unterricht nach einem individuellen Lehrplan, wodurch sich die Schüler sehr motiviert fühlen und viel Energie und Kreativität beim Lernen entfalten.
- *Der Unterricht in Kleingruppen von vier bis fünf Schülern.* In einem solchen Unterricht kann auf Unklarheiten und zusätzliche Fragen unmittelbar eingegangen werden. Die Dialogform und das gemeinsame Erarbeiten des Lehrstoffes gestalten diesen Unterricht lebendig und sehr interessant.
- *Die Erziehung des ganzen Menschen und die Pflege des Kontaktes zur Natur.*
- *Die fachübergreifenden Lernangebote und die Behandlung besonderer Themen durch Gastlehrer.*

Vergleicht man die Schule in Brockwood Park mit den in Kapitel I genannten Anforderungen an ein Schulsystem, so kann folgendes festgestellt werden:

Die Förderung der individuellen Entwicklung und die Erweckung von Fähigkeiten werden in sehr hohem Maße verwirklicht, da der Unterricht in Kleingruppen nach einem individuellen Lehrplan erfolgt und vom Lehrer mit besonderer Aufmerksamkeit begleitet wird.

Die Vermittlung von Wissen geschieht nach ganzheitlichen Gesichtspunkten und wird möglichst durch eigenes Tun unterstützt. Die Schüler lernen auch Methoden kennen, wie man mit entsprechender Eigeninitiative sein Wissen selbst vertiefen kann.

Das Erlernen von Fertigkeiten - darunter auch sehr zeitgemäßer, wie Umgang mit dem Computer, Automechanik, Filmkunst - hat einen hohen Stellenwert und erfolgt intensiv, praxisnah und individuell in kleinen Gruppen. Weiterhin werden Fertigkeiten des alltäglichen Lebens, wie beispielsweise Hausarbeit, Gartenarbeit und handwerkliche Tätigkeiten, im Rahmen der Gemeinschaftsarbeit vermittelt und praktiziert.

Die Charakterbildung wird an dieser Schule sehr gepflegt. Sie geht einher mit dem Leitgedanken der Erziehung des ganzen Menschen und wird durch den Lebensablauf in dieser internationalen Schulgemeinschaft täglich geübt. Das enge Zusammenleben mit Lehrern, die auch in dieser Hinsicht ein Vorbild sind, gibt hierzu Leitlinien und setzt Maßstäbe.

Die Vorbereitung auf das Leben in Beruf und Gesellschaft ist einerseits in den individuellen Lehrplänen enthalten und wird andererseits durch das Leben in der Schulgemeinschaft praktisch geübt. Die Einbeziehung der Schüler in alle Belange der Schulgemeinschaft und ihre Mitarbeit an Problem- und Konfliktlösungen sind eine wirklichkeitsnahe Vorbereitung auf das spätere Leben.

Das Thema Lebensplan und Sinnfindung wird an dieser Schule eingehend behandelt. Man hilft den jungen Menschen herauszufinden, wofür ihr Herz wirklich schlägt und macht sie mit verschiedenen philosophischen Richtungen und Weltanschauungen bekannt. Auch die Beschäftigung mit den Gedanken Krishnamurtis ist eine große Bereicherung in dieser Hinsicht.

Zusammenfassend kann festgestellt werden:

Eine Pädagogik nach den Grundgedanken von Krishnamurti achtet die Individualität des Kindes, erzieht den ganzen Menschen für das Leben und leitet die jungen Menschen zu Freiheit und Verantwortlichkeit.

Der Erziehungsprozeß wird geprägt durch die fachliche und menschliche Qualität der Lehrer und findet in einer kommunikativen Gemeinschaft von Lehrer und Schüler statt, ohne Hierarchie, Autorität und Zwang. Der Lehrer befaßt sich mit dem Schüler, so wie er ist, er geht sehr auf ihn ein, stellt eine direkte und vertrauensvolle Beziehung her und ist bemüht, den Unterricht interessant zu gestalten.

Die Frage, ob für einen bestimmten Jugendlichen die Erziehung in Brockwood Park richtig ist, hängt sehr von seinem Persönlichkeitsbild ab. Gute Voraussetzungen dafür sind Aufgeschlossenheit, ein wacher Geist, Selbständigkeit, Eigeninitiative und die Fähigkeit, sich in eine Gemeinschaft aktiv einzubringen.

Fast ausnahmslos werden der Schulbetrieb und die multikulturelle Schulgemeinschaft von den Schülern sehr geschätzt und als echte Bereicherung des eigenen Lebens erlebt.

1) Mary Lutyens, Krishnamurti - Die Biographie, Grafing 1991, S.52
2) ebd., S.91
3) ebd., S.101, S.103
4) Jiddu Krishnamurti, Erziehung zur Kunst des Lebens, Heidelberg 1988, S.13
5) ebd., S.28 f.
6) Jiddu Krishnamurti, Autorität und Erziehung, Bern, 5.Aufl., S.32
7) Mary Lutyens, Krishnamurti - Die Biographie, Grafing 1991, S.194
8) Jiddu Krishnamurti, Erziehung zur Kunst des Lebens, Heidelberg 1988, S.42
9) Jiddu Krishnamurti, Autorität und Erziehung, Bern 5.Aufl., S.24
10) ebd., S.100
11) ebd., S.98
12) ebd., S.88
13) ebd., S.114
14) Jiddu Krishnamurti, Erziehung zur Kunst des Lebens, Heidelberg 1988, S.160 f.
15) ebd., S.126 f.
16) Orient Longman, Krishnamurti on Education, New Delhi 1974, S.76

V. Kapitel
VERGLEICHENDE
BETRACHTUNG UND BEWERTUNG

Eine vergleichende Betrachtung der drei vorgestellten Pädagogiksysteme läßt zunächst beachtliche Gemeinsamkeiten erkennen, die auf folgende Grundgedanken zurückzuführen sind:

- *Achtung vor der Individualität des Kindes*

- *Hoher Anspruch an die Lehrer in fachlicher und menschlicher Hinsicht*

- *Kein Wettbewerb und kein Notensystem*

Bei konsequenter Umsetzung dieser Prinzipien in einem Schulbetrieb entsteht ganz offenbar eine Atmosphäre der Geborgenheit, in der sich die Schüler wohlfühlen, soziale Kontakte pflegen und ihre Kreativität entfalten.

Die Unterschiede zu staatlichen Regelschulen stehen ebenfalls mit diesen Grundgedanken in Zusammenhang. Eine Nichtverwirklichung oder nur halbherzige Realisierung obiger Prinzipien in den Regelschulen ist verantwortlich für die systembedingten Ursachen des dort herrschenden vergleichsweise rauhen Schulklimas.

Neben diesen Gemeinsamkeiten weisen die drei Pädagogiksysteme aber auch deutliche Unterschiede auf, die nachfolgend erörtert werden:

- Die Montessori-Pädagogik vertraut auf angelegte Selbstentfaltungskräfte und die eigenen Entwicklungsgesetze des Kindes, die insbesondere im Rahmen der *Freiarbeit in einer vorbereiteten Umgebung* wirksam werden können. Der Lehrer steht dabei im Hintergrund, beobachtet, hilft und greift nur gelegentlich, eher selten ein. Das Prinzip *„Hilf mir, es selbst zu tun"* steht im Vordergrund. Frontalunterricht und eine gewisse Führung besteht im

Gesamtunterricht. Der Lehrplan der staatlichen Regelschulen dient als Orientierung.

- Die Waldorf-Pädagogik vertraut auf Strukturen, Führung und einem eigenen Lehrplan, abgeleitet aus den menschenkundlichen Erkenntnissen von Rudolf Steiner. Sie hat feste und klare Vorstellungen, was, wann und wie gelernt wird. Dennoch bleibt dem Klassenlehrer und den Fachlehrern genügend eigener Gestaltungsfreiraum für den Unterricht. Der Klassenlehrer begleitet eine Klasse acht Jahre lang, baut ein persönliches Verhältnis zu seinen Schülern auf und ist in dieser Zeit die Hauptbezugsperson. Er bemüht sich, auf die Schüler einzugehen und betreut sie individuell im Rahmen des Unterrichts. Das umfassende Lernangebot und die ganzheitliche Art der Vermittlung geben den Schülern viele Anregungen, ihre Interessen und Talente selbst weiter zu entfalten.

- Nach Krishnamurti sind die menschenbildenden Aspekte in der Erziehung das Allerwichtigste. Es werden Wachsein, Intelligenz und Erblühen in Freiheit und Verantwortung sehr gefördert. Wenn junge Menschen die Schule verlassen, sollen sie zur Einsicht und Werterkenntnis fähig und dem Leben als Ganzem gewachsen sein. Das Zurechtkommen in Beruf und Gesellschaft werde sich dann von selbst ergeben, wobei der Lernprozeß weitergeht und niemals abgeschlossen ist. In seinen Schulen findet Erziehung und Unterricht zumeist in kleinen Klassen statt, mit Lehrern von herausragender fachlicher und menschlicher Qualität, die sehr auf die Schüler eingehen und das Lernen als einen gemeinsamen Prozeß von Lehrern und Schülern verstehen, ohne Hierarchie, Autorität und Zwang.

Hinsichtlich der Mitwirkung der Eltern im Erziehungsprozeß und Schulleben ist bei Krishnamurti-Schulen ein großer Unterschied gegenüber den Montessori- und Waldorfschulen festzustellen:

In den Montessori-Schulen und stärker noch in den Waldorfschulen sind die Eltern aktiv in den Erziehungsprozeß mit eingebunden. Es wird erwartet, daß sich die Eltern mit der jeweiligen Pädagogik intensiv befassen und auch im Elternhaus danach handeln. In Montessori-Schulen wird die Meinung der Eltern zur Unterrichtsgestaltung zumindest gehört, gelegentlich auch berücksichtigt. Bei fortschrittlichen Waldorfschulen - sogenannten Eltern-Lehrer-Schulen - gestalten Lehrer und Eltern gemeinsam das Schulkonzept. Die Beteiligung der Eltern am Schulleben (Veranstaltung von Festen, Aufführungen, Märkten, Ausflügen, Vorträgen usw.) ist bei Montessori- und Waldorfschulen gleichermaßen sehr ausgeprägt. Diese Schulen sind auch aus finanziellen Gründen auf die Initiative und aktive Mithilfe der Eltern angewiesen, die daher auch nachdrücklich erwartet wird.

In den Krishnamurti-Schulen können sich interessierte Eltern zwar über die Unterrichtsgestaltung informieren, aber die Erziehung selbst läuft im wesentlichen als gemeinsamer Prozeß zwischen Lehrern und Schülern.

Die Unterschiede werden nochmals beleuchtet, wenn folgende Meinung eines Montessori-Lehrers über die Waldorfschule näher betrachtet wird:

„Die Waldorfschule ist eine Regelschule mit anderem Lehrplan."

Nach meinem Verständnis ist das eine viel zu starke und daher auch irreführende Vereinfachung, die nur aus einer oberflächlichen Betrachtung des Unterrichtablaufes entstanden sein kann.

Es ist richtig, daß sowohl in der Regelschule als auch in der Waldorfschule deutliche Strukturen und Lehrpläne vorhanden sind, aber die Art und Weise der Umsetzung und das Unterrichtsgeschehen sind sehr unterschiedlich - man denke nur an die Grundgedanken: *„Achtung von der Individualität des Kindes; Erziehung unter Berücksichtigung der menschlichen Entwicklung, mitgebrachter Anlagen und Wesenszüge; kein Wettbewerb und kein Notensystem"*, die in Waldorfschulen angewendet werden.

Es trifft zu, daß die Lehrer sowohl in der Regelschule als auch in der Waldorfschule überwiegend frontal unterrichten und nicht wie Montessori-Lehrer in der Freiarbeit, im Hintergrund beobachtend, abwartend und hilfestellend, gleichsam zur vorbereiteten Umgebung gehörig, tätig sind. Anders als in der Regelschule besteht jedoch in der Waldorfschule schon allein durch das Klassenlehrerprinzip ein ganz anderes persönliches Verhältnis zwischen Lehrer und Schüler, und die pädagogische Arbeit der Waldorf-Lehrer im Schulalltag stützt sich auf die menschenkundlichen Erkenntnisse von Rudolf Steiner. Weiterhin ist festzustellen, daß die Waldorfschule das ganzheitliche Lernen weitgehend verwirklicht und auch die Eltern stark in den Erziehungsprozeß einbezieht.

Wenn nun versucht wird, die drei vorgestellten Pädagogiksysteme zu bewerten, so soll eingangs erwähnt werden, daß einzelne Schulen durchaus abweichen können, denn letztlich führt das Lehrerkollegium die Umsetzung der jeweiligen Pädagogik im Schulalltag durch und bestimmt damit, wie die Praxis wirklich aussieht.

- Sowohl die Montessori-Schulen als auch die Waldorfschulen sind weltweit verbreitet und anerkannt. Sie haben sich in vielen Ländern sowohl in der Vergangenheit als auch in der heutigen Zeit praktisch bewährt; ihre Zahl ist weiterhin steigend. Die Grundgedanken dieser Pädagogiksysteme haben viele Eltern in unterschiedlichen Ländern so sehr überzeugt, daß sie sich mit erheblicher Eigeninitiative für Schulgründungen eingesetzt haben und weiterhin einsetzen. Durch die starke Einbeziehung der Eltern in den Erziehungsprozeß besteht eine Anbindung an die gesellschaftliche Entwicklung und es wird sichergestellt, daß diese Schulen auch weiterhin zeitgemäß bleiben.

- In der Grundschulzeit werden die Kinder in beiden Schulsystemen etwa gleich gut gefördert: In den Montessori-Schulen geschieht dies mit sehr viel individuellem Freiraum und unter Verwendung von hervorragendem pädagogischen Material; in den Waldorfschulen mit verläßlichen Strukturen und Abläufen, einem sehr persönlichen Verhältnis zwischen Lehrer und Schüler und einem Lehrplan, der in seiner Grundstruktur auf Rudolf Steiner zurückgeht.

- In der Mittel- und Oberstufe bewährt sich die Waldorfschule insgesamt gesehen besser als die Montessori-Schule. Sie führt die jungen Menschen stärker und bindet sie in Strukturen ein; sie gibt Orientierung, fördert die Schüler praxisnahe und fordert sie auch, ohne ein Notensystem anzuwenden. Weiterhin haben Waldorfschulen mit zwölf Klassen und einer zusätzlichen dreizehnten Klasse als Vorbereitung für staatliche Abschlüsse (Abitur oder Mittlere Reife) einen konzeptionellen Vorteil gegenüber Montessori-Schulen mit nur neun Klassen. Die Klassengemeinschaft bleibt bis zur zwölften Klasse bestehen und trennt sich erst in der dreizehnten Klasse, in der dann ein „Paukbetrieb" zur Erreichung der staatlichen Abschlüsse vorgesehen ist.

- Schulen nach den Grundgedanken von Krishnamurti gibt es derzeit insgesamt nur fünf, in Indien, USA und England. Sie zeichnen sich insbesondere durch das intensive Verhältnis von Lehrern zu Schülern und die Art des Lernens - als ein gemeinsamer Prozeß zwischen Lehrer und Schüler - sowie durch eine menschenbildende, weltoffene Erziehung aus. In mancherlei Hinsicht - man denke beispielsweise an das Umgehen mit der Freiheit - haben sie schon jetzt Modellcharakter für Schulsysteme, die im 21. Jahrhundert angebracht sein könnten.

VI. KAPITEL
WELCHE PÄDAGOGIK
FÜR WELCHES KIND?

Ohne Anspruch auf Vollständigkeit, werden zu diesem Thema Gesichtspunkte und Überlegungen zusammengetragen und Wege aufgezeigt, die dem Erziehenden die individuelle Antwort auf die Frage: „Welche Schule für mein Kind?" erleichtern sollen.

Zunächst ist ein Blick auf die Normalentwicklung und die Orientierung an der Regelschule nützlich: In Taschenbüchern und Broschüren ist nachzulesen, zu welcher Zeit ein Baby, ein Kleinkind und später ein Schulkind dies oder jenes eigentlich tun oder können sollte (Sitzen, Stehen, Sprechen, Laufen, und späterhin Lesen, Schreiben, Rechnen usw.) und damit ist die Normalentwicklung angesprochen. Man sollte jedoch nicht gleich beunruhigt sein, wenn beim eigenen Kind etwas so nicht zutrifft.

Auch die Regelschule ist für Kinder konzipiert, die diese Normalentwicklung mit einer Bandbreite einhalten, und diese Kinder haben bei durchschnittlicher Begabung und etwas Fleiß gute Chancen, im System der Regelschule zurecht zu kommen. Schwierig wird es mit sehr sensiblen oder andersartig strukturierten Menschenkindern, die sich nach einem individuellen Entwicklungsweg entfalten. Sie verspüren laufend Druck und Zwang, leiden darunter und finden keine guten Bedingungen für ihre Entwicklung vor. Ihre Würde wird angetastet, da man sie viel zu früh an Normen mißt und durch Noten menschliche Werturteile ausspricht. Kreative Fähigkeiten werden hingegen kaum beachtet, und vom Lehrplan abweichende Ideen sind nicht gefragt. Die Leistung und die Erfüllung des Lehrplanes stehen im Vordergrund, die Individualität rangiert erst weit dahinter und wird bestenfalls von einem auch in der Regelschule vorhandenen einfühlsamen Lehrer beachtet. Ansonsten herrscht sehr bald Wettbewerb: Wer besser ist, bekommt bessere Noten, wird mehr geachtet, sein Selbstwertgefühl steigt und er erlebt seine Erfolge. Die anderen, die sich zwar auch bemühen, aber aus unterschiedlichen Gründen nicht so viel zustande bringen, erhalten schlechtere Noten, sind weniger geachtet und erleben Frust, bei jeder Runde neu! Vom System der Regelschule wird dabei übersehen, daß gerade solche Kinder hohe menschliche Qualitäten besitzen können (Hilfsbereitschaft, selbstloses Handeln, Tierliebe usw.) oder auch besonders phantasievoll, ideenreich und kreativ sein können. Weiterhin kann es vorkommen, daß Kinder aufgrund ihres Andersseins im System der Regelschule nicht verstanden werden und einfach in eine Förderschule abgeschoben werden, was aber nicht erforderlich wäre, wenn man nur Verständnis für ihren individuellen Entwicklungsweg zeigen würde.

Aufgrund eigener Erfahrung steht für mich fest, daß Kinder, die sensibel, ausgeprägt individuell oder eigenwillig strukturiert sind, in einer Montessori- oder einer Waldorfschule wesentlich besser gefördert werden als in der Regelschule, und ganz generell gilt, daß Kinder in diesen Schulen sehr viel Verständnis und eine glückliche Schulzeit erleben.

Nun sollen konkrete Vorgehensweisen angesprochen werden, wie Eltern herausfinden können, welche Pädagogik und welche Schule für ihr Kind optimal wäre:

Zunächst muß ein intensives Bemühen der Eltern stattfinden, ihr Kind kennenzulernen, sich einzufühlen und gleichzeitig ein möglichst objektives Bild zu erarbeiten. Eigene Wunschvorstellungen, wie das Kind sein sollte, was es werden sollte, sind dabei absolut zurückzustellen, da sonst nie eine brauchbare eigene Einschätzung zustande kommen kann. Dieser Prozeß ist insgesamt schwierig, er kann bei Bedarf durch vertrauensvolle Gespräche mit Freunden, Erziehern, Schulberatern und Schulpsychologen abgerundet werden. Besonders eingehend sind jene Bereiche zu analysieren, bei denen das Kind von der Normalentwicklung abweicht - möglicherweise findet man dabei selbst Gründe bzw. Ursachen für diese Abweichungen.

Sobald man sich ein möglichst genaues Bild seines Kindes erarbeitet hat, kann die Auswahl zwischen Regelschule, Montessori-Schule, Waldorfschule oder einer sonstigen alternativen Schule stattfinden, wobei auch die Länge des Schulweges eine wichtige Rolle spielt. Die Eltern müssen selbst herausfinden, in welchem Schulsystem ihr Kind die beste Förderung erfährt. Dazu muß man sich mit dem Typ der Schule, beispielsweise Montessori- oder Waldorfschule, eingehend beschäftigen und frühzeitig genaue Informationen über die in Betracht gezogene Schule einholen. Informationsabende, Schulprospekte, Teilnahme an Schulveranstaltungen, Tag der offenen Tür in der Schule sowie Gespräche mit Eltern, deren Kinder diese Schule besuchen, sind eine gute Möglichkeit, die Schule näher kennenzulernen.

Hat man die Wahlmöglichkeit zwischen Montessori-Schule und Waldorfschule, so wird die Entscheidung u.a. sehr davon abhängen, wie sehr das Kind Führung benötigt bzw. wie sehr seine Selbstentwicklungskräfte ausgebildet sind und wie eigeninitiativ es handelt. Haben die Eltern den Eindruck, daß Führung und deutliche Strukturen gebraucht werden, ist die Waldorfschule vorzuziehen. Bei ausgeprägter Eigeninitiative und Vorliebe für Freiarbeit, werden die Kinder in einer Montessori-Schule gut gefördert.

In diesem Zusammenhang ist auch die persönliche Einstellung der Eltern zu dieser oder jener Pädagogik wichtig, denn es wird erwartet, daß im Elternhaus nach gleichen erzieherischen Grundsätzen gehandelt wird.

Als ein weiterer praktischer Gesichtspunkt bei der Auswahl einer alternativen Schule sind die Abschlüsse zu nennen, die eine solche Schule selbst bietet bzw. auf welche staatlich anerkannte Abschlüsse die Schüler vorbereitet werden.

NACHWORT

Im Rahmen eines Nachwortes möchte ich noch einmal all jene Menschen ansprechen, die ausübend oder gestaltend die Erziehung und das Schulwesen in unserer Gesellschaft beeinflussen, nämlich die Eltern, die Lehrer und die Schulbehörden. Besteht zwischen diesen drei Gruppen Gesprächsbereitschaft und konstruktives Zusammenwirken, können in jedem Schulsystem Verbesserungen zum Wohle der Schüler erreicht werden.

An die Eltern:

Den Eltern obliegt zunächst die schwierige Aufgabe, ihr Kind gut einzuschätzen und ohne eigene vorgefaßte Vorstellungen hinzusehen, wie es wirklich ist. Danach ist abzuwägen, in welcher Schule das Kind am besten gefördert wird, wobei Randbedingungen wie Schulweg, Freundeskreis und nicht zuletzt finanzielle Gesichtspunkte mit in die Überlegungen einfließen. Für Kinder und Eltern ist eine Schulgemeinschaft gleichzeitig auch eine Schicksalsgemeinschaft, die voll bewußt gelebt werden sollte. Wichtig ist, daß sich die Eltern in die Schulgemeinschaft einbringen und die im jeweiligen Schulsystem vorhandenen Mitwirkungsmöglichkeiten engagiert wahrnehmen. Oberstes Ziel soll sein, das Kind nach ethischen Grundvorstellungen so zu erziehen, daß es sein Leben selbst in die Hand nehmen und meistern kann.

An die Lehrer:

Die Lehrer, als eigentliche Fachleute für pädagogische Fragen und hauptberufliche Erzieher, sollten stets Interesse, Offenheit und vorurteilslose Erkundungsbereitschaft für jeweils andere pädagogische Vorgehensweisen aufbringen und gegebenenfalls Anregungen und Ideen für den eigenen Unterricht übernehmen.

Lehrer zu sein, ist nicht nur ein Beruf, sondern eine Berufung, einen Abschnitt der menschlichen Evolution gestaltend zu begleiten, wozu eine ständige eigene Fortentwicklung, verbunden mit einem lebenslangen Lernprozeß, notwendig ist.

Weiterhin möchte ich die Lehrer ermutigen, den in jedem Schulsystem vorhandenen Freiraum zur eigenen Gestaltung des Unterrichts zu nützen, kooperativ mit Schülern und Eltern umzugehen und eigene Ideen, abgestimmt auf die jeweilige Klasse, zu verwirklichen.

Aus meiner eigenen Schulzeit habe ich jene Lehrer in bester und dankbarer Erinnerung, die

- mich als Schüler und Mensch respektierten und bei notwendiger konstruktiver Kritik meine Würde beachteten,
- den Lehrstoff interessant und locker vermittelten und stets das Wesentliche im Auge behielten,
- mich angemessen forderten und mir unter Beachtung meiner Entwicklung Leistung abverlangten.

An die Schulbehörden:

Die Schulbehörden, welche für Konzipierung, Planung, Aufbau und Kontrolle des Schulwesens zuständig sind, möchte ich bitten, das folgende Plädoyer für eine Pluralität im Schulwesen bei ihrer Arbeit zu berücksichtigen.

Die Pluralität im Schulwesen, wie sie in Deutschland durch staatliche Regelschulen, staatlich anerkannte Privatschulen und staatlich genehmigte Schulen (z.B. Waldorfschulen, Montessori-Schulen und andere reformpädagogische Schulen) besteht, ist auch in Zeiten knapper Kassen kein Luxus, sondern eine echte Notwendigkeit, um den vielfältigen Anforderungen von unterschiedlichen Kindern gerecht zu werden und ein Kreativpotential für die Anpassung des Schulwesens an die gesellschaftliche Entwicklung zu schaffen. Dabei stellen gerade staatlich genehmigte Schulen mit einem ideenreichen Lehrerkollegium und einer aufgeschlossenen Elternschaft ein ideales Experimentierfeld für Reformansätze dar, die dann als brauchbare Ideen auch zur Reformierung der staatlichen Schulen und ihrer Lehrpläne eingebracht werden können.

Zusammenfassend möchte ich an die Schulbehörden folgenden Appell richten:

- Erhaltet die Pluralität im Schulwesen und unterstützt weiterhin staatlich genehmigte Schulen, da
  - viele Kinder in diesen Schulen gefördert werden können, die in der staatlichen Regelschule aus unterschiedlichen Gründen keine guten Chancen zur Weiterentwicklung hätten
  - alternative Schulsysteme eine wertvolle Quelle für kreative Ideen im Schulbetrieb sind
  - staatlich genehmigte Schulen in der Regel sehr kosteneffektiv arbeiten und somit den staatlichen Zuwendungen ein hoher Erziehungs- und Bildungswert gegenübersteht.

- Räumt den staatlich genehmigten Schulen große Freiräume ein und beobachtet genau, was sich an neuen Entwicklungen abzeichnet und welche Ergebnisse dabei herauskommen.

- Gebt guten Ideen und Reformansätzen - woher sie auch stammen mögen - eine Chance zu einer breiten Anwendung und Bewährung.

Abschließend sei noch gesagt, daß die Pluralität im Schulwesen der beste Weg ist, das Erziehungsziel des mündigen Bürgers auf breiter Basis zu verwirklichen.

LITERATURHINWEISE

Montessori-Pädagogik

Montessori, Maria, Kinder sind anders, München 1994[9].

Montessori, Maria, Kosmische Erziehung, hrsg. von Paul Oswald und Günter Schulz-Benesch, Freiburg 1988.

Esser, Barbara und Wilde, Christiane, Montessori-Schulen, Reinbek 1992.

Heiland, Helmut, Maria Montessori, Reinbek 1993[3].

Lehrerteam der Montessori-Schule Breitbrunn, Pädagogisches Konzept, Breitbrunn 1994.

Oswald, Paul und Schulz-Benesch, Günter, Grundgedanken der Montessori-Pädagogik, Freiburg 1987[8].

Schuster, Martin, Werden und Wachsen einer Montessori-Schule, Pädagogische Führung 2.Jg., Heft 4, Sept.1991.

Waldorf-Pädagogik

Steiner, Rudolf, Theosophie, Dornach 1987[31].

Steiner, Rudolf, Die Erziehung des Kindes vom Gesichtspunkt der Geisteswissenschaft, Dornach 1992

Steiner, Rudolf, Die religiöse und sittliche Erziehung im Lichte der Anthroposophie, Dornach 1996.

Steiner, Rudolf, Die Waldorfschule und ihr Geist, Dornach 1990.

Bußmann, Hildegard und Jochen, Unser Kind geht auf die Waldorfschule, Reinbek 1990.

Carlgren, Frans, Erziehung zur Freiheit, Stuttgart 1990[6].

Kiersch, Johannes, Die Waldorfpädagogik, Stuttgart 1990.

Leber, Stefan, Waldorfschule heute, Stuttgart 1996^2.

Lindenberg, Christoph, Waldorfschulen: Angstfrei lernen, selbstbewußt handeln, Reinbek 1990.

Schneider, Peter, Einführung in die Waldorfpädagogik, Stuttgart 1982.

Seitz, Marielle / Hallwachs, Ursula, Montessori oder Waldorf ?, München 1996.

Pädagogische Grundgedanken von Krishnamurti

Krishnamurti, Jiddu, Autorität und Erziehung, Bern o.J., 5.Aufl.

Krishnamurti, Jiddu, Erziehung zur Kunst des Lebens, Heidelberg 1988.

Longman, Orient, Krishnamurti on Education, New Delhi 1974.

Lutyens, Mary, Krishnamurti - Die Biographie, Grafing 1991.

Michel, Peter, Krishnamurti - Freiheit und Liebe, Grafing 1992.

Rami Vissell

Ramis Buch

Das spirituelle Leben eines Kindes

Eine neue Zeit bricht an. Eine Zeit des Verstehens, der Achtung vor allem Leben und des Erkennens der Einheit aller Lebewesen. Die Kinder sind diejenigen, die schon ganz aus diesem neuen Bewußtsein leben. Früher verloren die Kinder ihre „Himmelsaugen" meistens in der Kindergartenzeit - heute bleiben sie ihnen schon manchmal erhalten. Eines der Kinder, das noch mit seinen „Himmelsaugen" sieht, ist Rami.

Rami liebt alle Wesen, die Menschen, die Blumen und ihre Tiergeschwister, und aus dieser Liebe heraus erlebt sie eine Welt voller Wunder. Von dieser Welt erzählt sie in ihrem Buch, das sie für alle Kinder der Erde geschrieben hat.

Gebunden, 80 Seiten durchgehend farbig illustriert
ISBN 3-922936-93-8

Peter Michel

Sternenaugen

Dies ist die Geschichte von Christina, die in einem wunderschönen Garten der himmlischen Welten lebt und von den Engeln des
Lichtes die Geheimnisse des Lebens lernt.

Einmal aber ist der Zeitpunkt gekommen, da auch Christina
die Himmelswelt verlassen muß, um zur Erde zurückzukehren.

Sie erhält einen neuen Erdenkörper - doch sie vermag auch
auf der Erde mit ihren Himmelsaugen zu sehen. So kann sie als
Sehende über die Erde wandern.

Christina begegnet den Engelwesen, den Luft- und Wasser-
geistern und den ehrwürdigen Hütern der Bäume. Sie schreibt
alle ihre Erlebnisse auf, um sie den vielen Erdenkindern mitzu-
teilen, deren Himmelsaugen noch nicht geöffnet sind.
Ein zauberhaftes Buch für die Kinder einer neuen Zeit!

Gebunden, 80 Seiten mit vierfarbigen Abbildungen
ISBN 3-89427-002-0

Peter Michel

Krishnamurti - Freiheit und Liebe

Annäherung an ein Geheimnis

Die erste unabhängige Krishnamurti-Biographie. Die erste umfassende Analyse des geheimnisvollsten spirituellen Lehrers dieses Jahrhunderts, die nicht von einem unmittelbar mit Krishnamurti und seinem Werk verbundenen Autor verfaßt wurde. Erstmals wird in dieser Arbeit eine kritische Würdigung von Leben und Werk Krishnamurtis versucht. Neben den Zeugnissen jener Menschen, die Krishnamurti jahrelang begleiteten, werden auch Dokumente aus der Frühzeit der Theosophischen Gesellschaft herangezogen.

Das Besondere der Biographie von Peter Michel liegt in der Berücksichtigung von Quellenmaterial, das bisher noch keine Beachtung fand, in der Dokumentation zahlreicher persönlicher Erlebnisberichte und in der Untersuchung auch von kritischen Stimmen.

Der Anhang enthält die zur Zeit vollständigste Dokumentation der Werke Krishnamurtis und der wichtigsten Sekundärliteratur.

Gebunden, 208 Seiten
ISBN 3-89427-018-7

Krishnamurti

Über die Liebe

Kein anderer spiritueller Lehrer dieses Jahrhunderts hat mit solcher Radikalität und so voller Poesie über Liebe und Freiheit gesprochen und geschrieben wie Krishnamurti. Der vorliegende
Band enthält die tiefsinnigsten und bewegendsten Texte zum Thema „Liebe", die sich im Gesamtwerk Krishnamurtis auffinden
lassen. Ein aufrüttelndes Dokument geistiger Klarheit und selbst-
loser Hingabe. Eines der schönsten Zeugnisse von Krishnamurtis
tiefer Verwirklichung!

Paperback, 184 Seiten
ISBN 3-89427-074-8